应知应会 课外系列丛书

YINGZHI YINGHUI
KEWAI XILIE CONGSHU

青少年如何正确把握时间

廖胜根◎编

健康的身心、丰富的情感、较强的实践能力、优良的品质、过硬的特殊技能、良好的习惯、深厚的文化底蕴及必要的合作素质等，是青少年朋友在成长道路上顺利前进所需要的最基础、最必要的条件，为青少年朋友们从自身条件开创成功指明了方向，着眼于

成都地图出版社
CHENGDU CARTOGRAPHIC PUBLISHING HOUSE

图书在版编目（CIP）数据

青少年如何正确把握时间／廖胜根编．—成都：成都
地图出版社，2013.5（2021.7重印）
（应知应会）
ISBN 978－7－80704－713－1

Ⅰ.①青… Ⅱ.①廖… Ⅲ.①时间－管理－青年读物
②时间－管理－少年读物 Ⅳ.①C935－49

中国版本图书馆 CIP 数据核字（2013）第 076745 号

应知应会——青少年如何正确把握时间
YINGZHI YINGHUI——QINGSHAONIAN RUHE ZHENGQUE BAWO SHIJIAN

廖胜根　编

责任编辑：游世龙
封面设计：童婴文化

出版发行：成都地图出版社
地　　址：成都市龙泉驿区建设路 2 号
邮政编码：610100

印　　刷：三河市人民印务有限公司
（如发现印装质量问题，影响阅读，请与印刷厂商联系调换）

开　　本：710mm×1000mm　1/16
印　　张：13　　　　　　字　　数：200 千字
版　　次：2013 年 5 月第 1 版　印　　次：2021 年 7 月第 8 次印刷
书　　号：ISBN 978－7－80704－713－1

定　　价：38.80 元

前　言

对于时间，古今中外的许多伟人和名人都对它做过描述。我国文豪郭沫若说："时间就是生命，时间就是速度，时间就是力量。"苏联作家高尔基说过："时间是最公平合理的，它从不多给谁一分。勤劳者能叫时间留下串串果实，懒惰者时间留给他们一头白发，两手空空。"美国科学家富兰克林说："你热爱生命吗？那么，别浪费时间，因为时间是组成生命的材料。"

时间——世界上最快而又最慢、最长而又最短、最平凡而又最珍贵、最易被忽视而又最令人后悔的东西。一步步，一程程，已走了多远，永不停留，走过秒、分、时、日，又积成周、月、年、代。

我们不能让时间停留，但可以每时每刻做些有意义的事。

东汉文学家崔瑗，官至济北相。当他40多岁任郡吏时，不幸因事被捕入狱。当他听说有一位狱吏精通《礼》学，便抓紧一切时间向狱吏学习，当狱吏审讯时，他也趁机请教有关问题。他的这种对待学习的精神，给我们每个人树立了榜样。

鲁迅说："时间，就像海绵里的水，只要愿挤，总还是有的。"他一生多病，工作条件和生活条件都不好，但他每天都要工作到深夜，实在困了，就躺到床上打个盹，醒后泡一碗浓茶，抽一支烟，又继续写作，鲁迅习惯以各种形式鞭策自己珍惜时间，数十年如一日，惜时如金，最终成为伟大的文学家。

时间是生命的单位，有些人往往利用相同的时间比别人多做许多事情。

著名作家巴尔扎克在 20 年的写作生涯中，写出了 90 多部作品，塑造了 2000 多个不同类型的人物形象，他的许多作品成了世界名著。他的创作时间表是：从半夜到中午工作。他要在圆椅上坐 12 个小时，努力修改和创作，然后从中午到 4 点校对校样，5 点钟用餐，5 点半才上床，而到半夜又起床工作。

奥斯勒是加拿大著名的医学教育家，为了挤出时间，他规定自己必须在睡觉前抽出 15 分钟，阅读喜欢的书。奥斯勒对读书效果进行过计算。就一般的阅读速度而言，一分钟可以读 300 字，15 分钟便能读 4500 个字，一星期可以读 3.15 万字，一个月读完 12.6 万字没有问题。那么，一年下来，就可以阅读 151.2 万字。如果一本书平均以 7.5 万字计算，一年就可阅读 20 本书。奥斯勒坚持睡前读书 15 分钟，长达半个多世纪，一共读了 8235 万字，约 1098 本书。"睡觉前 15 分钟"的阅读，不但使奥斯勒的医学研究硕果累累，还让他成了文学研究家。

同学们，这些伟人之所以能取得如此辉煌的成就，与他们认识到了时间的宝贵，充分、科学地用好时间是分不开的。我们应该以他们为榜样，好好地珍惜时间，科学地利用时间，学会做时间的主人。莎士比亚说过："在时间的大钟上，只有两个大字——现在。"我希望我们所有的同学，都能珍惜分分秒秒，从点滴做起，从现在做起，把握时间的钟摆，去迎接人生的辉煌。

目 录

第章

做时间的主人，你准备好了吗

打开这本书时，你一定充满了期待。都说时间宝贵，寸金寸阴，你自己也一定希望通过珍惜和利用宝贵的时间来实现你的人生目标，把童年就种下的梦想变成现实。然而，大把的时间好像向日葵一样闪耀在成长的路上，你看着金光灿灿的一路风景，却不知道应该如何撷取。

没关系，从现在开始就请安静下来，跟随着这本书的指引，不断地进行思考、学习、感悟、行动、总结、再思考，直到某一天，放下这本书，你发现已经可以自信而坚定地把握人生的分分秒秒，不断为梦想的实现而完成着眼前每一个具体的任务，有条不紊、简洁有力，那个时候你已经不知不觉地成为时间的主人了！

让我们带着这一目标出发，来认真地阅读这本书吧！

一、时间是什么

时间是什么？

我们看不见它的样子，也触摸不到它的形状，然而时间却无时无刻不存在于我们的周围，观察着我们，提醒着我们，陪伴着我们，回报着我们，甚至是惩罚着我们。我们的一生都是在时间的流转里学习、工作、生活，谱写出独一无二的生命轨迹。

古往今来，很多人都试图对时间作出一点解释和说明。

"时间好像一条河，一条激流，刚刚看到某样东西它就已经消失了，而另一样东西取代了他的位置，接着它也消失得无影无踪。"古罗马皇帝兼哲人马可·奥勒留这样形容时间。

"时间只是时钟标出的量，这个钟可以是行星的自转，沙漏里的沙粒，也可以是心跳或铯原子的振动。"身为科学家的爱因斯坦这样客观地解读时间。

"时间既有诞生的一天，也有死亡的一天。"写出《时间简史》一书的宇宙物理学家霍金也给出了这样一个有趣的描述。

"在所有的批评家中，最伟大、最正确、最天才的是时间。"俄国文艺评论家别林斯基这样评价时间。

国学大师季羡林对待时间，也有自己的哲学思考："时间"

这个词语意味着什么？我们诞生，我们活着，我们死去，并且认为这一切都是按时发生的，仿佛时间是某种巨大、崇高、宽广和深邃的东西；仿佛它是一个无边无际的天体，包容着一切发光的世界，包含着生命和死亡，而这个地球像是蓝色的大海，无数的鱼在其中相聚相依，同泳同乐。我们把已经做过的一切叫做过去；把正在做的一切叫做现在；而我们将要或试图去做的一切则称之为未来。而所有这一切都在我们身内，不在我们身外。过去了的存贮在我们的记忆中，现在正吸引着我们的注意力，而将要来的则包容在我们的希望和期待之中。我们总是在期待着什么；我们的生命就是在期待中耗费掉了。有人说，生命本身就是一种

国学大师季羡林

期待。我们认为某个时刻将会到来，而且一定会到来，那时我们的期待将会实现。在某种情况下，满足和实现我们的希望似乎依赖于时间；在另一些情况下，我们坚定地相信并且确认，时间依赖于我们，而我们并不能使它缩短或延长。

我们把时间分为时代、世纪、年代，并给这些虚构的划分取上名字，把它们看做是某种真实地存在于它们自身之内并独立于我们的意识之外的某种东西。我们相信我们真正量度了时间，而实际上在我们的意识之外并不存在什么东西；在我们的书籍之外

也不存在什么东西，在书中我们写下了我们的思想、我们的谬见和我们的空虚的言词。时间在其自身中什么也不是；它不是实在，不是实体，而是人的思想、观念，书中的一个词，石头上的一道刻痕。[①]

有人说，时间是上天一种额外的赐予，可以像金钱一样地消费。但是它不能储存，只能是一张即时消费卡，当期不用，过期作废。有时候，时间又如同一架刑具，尤其是遭遇痛苦和不幸的时候。当你对时间加以注意，甚至开始一分一秒地细数的时候，表示时间此刻对你是一种难以忍受的东西。这是时间和金钱的又一点不同。一个类似巴尔扎克笔下的葛朗台那样的守财奴，最大乐趣便是把自己关在屋子里，拿出钱匣子一个一个细数里面的金币，边数还要让它们相互碰撞，叮当作响，每一声都是那么悦耳动人。但是一天24小时什么也不干，只是坐下来数时间，听钟表的滴滴答答的声音，你大概就会难以忍受，如坐针毡了吧。痛苦难挨的时候，人们是多么希望把整把整把的时间拿来送人啊！

时间对于每个人来说，都是一种宝贵的资源。让学习成绩提高、让生活变得充满意义、在前进的道路上实现自己的梦想……所有的这一切，都是基于时间的分配。读一本书需要时间，听一首歌需要时间，做一道题目需要时间，写一篇文章需要时间，等等。世界上的万事万物都要靠时间才能积累，如果没有时间，一

---

① 节选自《季羡林自传》

切的成就都无从谈起。因此，我们只有尊重时间，珍惜时间，好好地利用时间，才能从时间里获得回报。

链接

　　蒋子龙，我国当代作家。其创作作品多次获奖。1976 年以短篇小说《机电局长的一天》引起强烈的社会反响。1979 年的《乔厂长上任记》再次引起社会轰动，获全国优秀短篇小说一等奖，已出版数十部小说集和散文集。

　　让我们跟随蒋子龙所特有的细腻感性而又充满思考的笔触，进一步认识一下时间的神奇与伟大之所在吧！

作家蒋子龙

时　间

文/蒋子龙

　　人生的全部学问就在于和时间打交道。

　　有时一刻值千金，有时几天、几个月、几年乃至几十年，不值一分钱。

　　年轻、年盛的时候，一天可以干很多事；在世上活的时间越长，就越抓不住时间。

　　当你感到时间过得越来越快，而工作效率却慢下来了，说明你生命的机器已经衰老，经常打空转。

当你度日如年，受着时间的煎熬，说明你的生活出了问题，正在浪费生命。

当你感到自己的工作效率和时间的运转成正比，紧张而有充实感，说明你的生命正处于黄金时期。

忘记时间的人是快乐的，不论是忙得忘了时间，玩得忘了时间，还是幸福得忘了时间。

敢于追赶时间，是勤劳刻苦的人。

追上了时间，并留下精神生命，和时间一样变成了永恒存在的，是天才。

更多的人是享用过时间，也浪费过时间，最终被时间所征服。

凡是有生命的东西，和时间较量的结果最后都要失败的。有的败得辉煌，有的败得悲壮，有的败得美丽，有的虽败犹胜，有的败得合理，有的败得凄惨，有的败得龌龊。

时间无尽无休，生命前仆后继。

无数优秀的生命占据了不同的时间，使时间有了价值，这便是人类的历史。

生命永远感到时间是不够用的。因此生命对时间的争夺是酷烈的，产生了许多骇人听闻的故事，如："头悬梁""锥刺股""以圆木为枕"等等。

时间是无偿赠送给生命的。获得了生命也就获得了时间，而且时间并不代表生命的价值。所以世间大多数生命并不采取和时间"竞争""赛跑"的态度，根据生存的需要，有张有弛，有紧

古人惜时曾悬梁刺股

有松：累得受不了啦，想闲；拥有太多的时间无法打发，闲得难受，就想找点事干，让自己紧张一下。

现代人的生存有大同小异的规律性。忙的有多忙？闲的有多闲？忙的挤占了什么时间？闲人又哪来那么多时间清闲？《人生宝鉴》公布了一个很有意思的调查材料——

一个人活了72岁，他这一生的时间是这样度过的：

睡觉20年，吃饭6年，生病3年，工作14年，读书3年，体育锻炼看戏看电视看电影8年，饶舌4年，打电话1年，等人3年，旅行5年，打扮5年。

这是平均数，正是通过这个平均数可以看到许多问题，想到许多问题。每个生命都是普通的，有些基本需求是不能不维持的。普通生命想度过一个不普通的一生，或者是消闲一生，该在哪儿节省，该在哪儿下力量，看着这个调查材料便会了然于胸。

不要指望时间是公正的。时间对珍惜它的人和不珍惜它的人

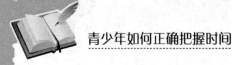

是不公正的，时间对自由人和监狱的犯人也无公正可言。时间的含金量，取决于生命的质量。

时间对青年人和老年人也从来没有公正过。人对时间的感觉取决于生命的长度，生命的长度是分母，时间是分子，年纪越大，时间的值越小，如"白驹过隙"，年纪越轻，时间的值就越大，"来日方长"。

时间，你以为它有多宽厚，它就有多宽厚，无论你怎样糟蹋它，它都不会吭声，不会生气。

时间，你认为它有多狡诈，它就有多狡诈，把你变苍老的是它，让你在不知不觉中蹉跎一生，最终后悔不迭的是它。

时间，你认为它有多忠诚，它就有多忠诚，它成全了你的雄心，你的意志。

有什么样的生命，就有什么样的时间。

一个人有什么样的时间观念，就会占有什么样的时间。

爱因斯坦创立相对论，证实时间与空间和物质是不可分割的，任何脱离空间的时间是不存在的，也是没有意义的。人如果能超光速旅行就会发生时间倒流，回到过去。

倘若有一天人类能征服时间了，生命真正成了时间的主人，世界将是什么样子呢？

二、时间应该像金子那样被珍惜

我们把上一节末文中的那个《人生宝鉴》的调查材料再重新分析一下，就会发现：

假如人能活 70 岁（这里取一个整数，便于计算），而每天睡觉 8 小时，那么 70 年会睡掉 204400 小时，合 8517 天，合 23 年零 4 个月。

如果每天吃早饭用 20 分钟，吃午饭用 40 分钟，吃晚饭用 1 小时，那么 1 天吃饭吃掉了 2 小时，70 年要吃掉 51100 小时，合 2129 天，合 5 年零 10 个月。

如果每天进行梳洗打扮的时间为 2 小时，那么 70 年又会用掉 5 年零 10 个月。

如果每天用在走路、买东西上的时间为 4 小时，那么 70 年会用掉 102200 小时，合 4258 天，合 11 年零 8 个月。

如果每天用来和别人闲聊的时间为 3 小时，那么 70 年又聊掉了 76650 小时，合 3194 天，合 8 年零 9 个月。

如果每年用在看病、吃药、特别护理等事项上的时间为 12 天，那么 70 年要用掉 840 天，合 2 年零 3 个月。

而一般人每年都会有与别人发生口角、争端，还有因不顺

心而烦恼，以至不能做正经事的时间。如果平均每年用在这种事情的时间为 10 天，那么 70 年要用掉 700 天，合 1 年零 10 个月。

如此算来，一个人活到 70 岁，自己可以实现自我价值，为社会作出贡献的时间已经所剩不多，而很多人对这部分工作、学习的时间也没有好好珍惜，一生就那么晃过去了。这样算下来，数字是不是很惊人呢？况且这样的算法，还是在保守的估测下计算的。因为很多人每天睡觉不止 8 小时，吃饭也不止 2 小时，这样看来，真正把时间用在学业和事业上的时间，又有多少呢？

从上文可以看出，很多时间都是在人们漫不经心的举动里一点一点地流逝了。现在我们对时间已经有一个足够感性和直观的认识，那么我们就应该积极地想一想，如何才能成为时间的主人？其实，掌控一件事物最好的方法是

有关惜时的印章

应当正视它、尊重它，因此尊重时间、珍惜时间是我们首先应当树立的意识。只有珍惜时间，才能把时间的利用率提高，才能将时间的价值发挥到最大。

年、月、日、时、分、秒，好比一个个大小不一的瓶子，把流动不息的时间之水用可以感知的度量进行量取，在同样的时间段里，有人可以做出很多的事情，有人也只是看着时间大把大把地流逝，因此，很多人感慨不公，感觉时间的天平好像总是朝着某些"幸运儿"倾斜。但是事实并非如此，时间虽然如此地令人

琢磨不透，但它却是世界上难得一见的公平的评判者。很多人做出了比常人更优异的成绩，这其中固然有天赋的差异，但是大量时间的投入和刻苦钻研也是极为重要的，世界上许多事业有成的人莫不如此。对此，鲁迅先生曾这样说道："哪里有天才，我是把别人喝咖啡的工夫都用在了工作上了。"

古今中外，很多名人都是惜时如金的榜样。伟大的英国科学家牛顿就是其中的一个。

有一天，牛顿请朋友到他家吃午饭。朋友到了他家，牛顿端出一盘烤鸡，可他并没有坐下，反倒一句话也没有讲就跑了出去。他的朋友莫名其妙，但也只好在饭厅等他。可是，朋友等了很久，也没有看到牛顿的踪影。因为这个朋友与牛顿很熟，所以就不客气了，把整个烤鸡都吃掉，然后就离开了。时间又过去了一会儿，牛顿回来了。他看见饭座上剩余的鸡骨头，自言自语道："原来我已经吃过啦！"

英国科学家牛顿

说罢又出去了。原来，刚才牛顿有了一些新的想法，顾不上朋友在场，就跑去实验室了。

在另外一个故事里，牛顿连煮鸡蛋的时间也在看书。只是他一边看书一边干活，糊里糊涂地把一块怀表扔进了锅里，等水煮开后，揭盖一看，才知道错把怀表当鸡蛋煮了。

写出《呼啸山庄》等作品的英国著名作家艾米莉·勃朗特①也非常惜时。她是一个操持全部家务的家庭主妇，所以她常常很早起来，一面搓面团，一面看几眼放在一旁的书。另外，她还在身边放上纸和笔，以便随时记下突然出现的灵感。

"我从来不认为半小时是微不足道的很小的一段时间。"这是物种进化论的作者——达尔文的话，也是他本人的真实写照。达尔文从33岁起患神经性肠胃病，经常呕吐，疾病整整折磨他40年。为了和疾病作斗争，达尔文每天的生活安排得像时钟那么准确、有规律。可他每天仍然坚持工作，直到逝世前两天，尽管他已疲乏不堪，但是仍把试验和观察结果记录下来。因为，一丝一毫的时间，对这位伟大的科学家来说，都是很宝贵。

《呼啸山庄》封面书影

让我们再把目光转向美国，看看发明大王爱迪生对助手说的

---

① 艾米莉·勃朗特（1818—1848）是著名英国女作家。夏洛蒂·勃朗特之妹，安妮·勃朗特之姐。艾米莉出生于贫苦的牧师之家，曾在生活条件恶劣的寄宿学校求学，也曾随姐姐去比利时学习法语、德语和法国文学，准备将来自办学校，但未如愿。艾米莉性格内向，娴静文雅，从童年时代起就酷爱写诗。1846年，她们三姐妹曾自费出过一本诗集。《呼啸山庄》是她唯一的一部小说，发表于1847年12月。她们三姐妹的三部小说——夏洛蒂的《简·爱》、艾米莉的《呼啸山庄》和小妹妹安妮的《艾格尼斯·格雷》是同一年问世的。除《呼啸山庄》外，艾米莉还创作了193首诗，被认为是英国一位天才的女作家。三人并称勃朗特三姐妹。

最多的一句话——"人生太短暂了，要多想办法，用极少的时间办更多的事情。"

一天，爱迪生在实验室里工作，他递给助手一个没上灯口的空玻璃灯泡，让他量取灯泡的容量。过了好半天，他看见助手拿着软尺在测量灯泡的周长、斜度，并拿了测得的数字伏在桌上计算。他说："时间，时间，怎么费那么多的时间呢？"爱迪生走过来，拿起那个

发明大王爱迪生

空灯泡，往里面斟满了水，交给助手，说："里面的水倒在量杯里，马上告诉我它的容量。"助手立刻读出了数字。爱迪生说："这是多么容易的测量方法啊，它又准确，又节省时间，你怎么想不到呢？还去算，那岂不是白白地浪费时间吗？"助手的脸立刻红了。

伟大的科学家爱因斯坦，整日都不修边幅，因为他不想浪费时间，就算一分一秒，对他说也是很重要、很宝贵的。一次，一个学生约爱因斯坦见面，可是爱因斯坦等待了半天，学生也没来。于是，爱因斯坦就利用这段时间又开始思考一道物理难题了。爱因斯坦曾经对青年人说："等你们60岁的时候，你们就会珍惜能由你们支配的每一个钟头了！"

三、时间是海绵里的水

富兰克林说过，时间是组成生命的材料，对于时间的珍惜怎么强调都不为过。一天只有 24 小时，它不会长也不会短，但是在有些人那里，时间仿佛被施了魔法，成为有弹性的东西，可以不断地延长下去。这里的"魔法"并不神秘，只有两个字——节约。

在节约时间方面，鲁迅先生的实例极为典型。鲁迅 12 岁在绍兴城读私塾的时候，父亲正患着重病，两个弟弟年纪尚幼，鲁迅不仅经常上当铺，跑药店，还得帮助母亲做家务。为免影响学业，他必须作好精确的时间安排。

此后，鲁迅几乎每天都在挤时间。他说过："时间，就像海绵里的水，只要你挤，总是有的。"鲁迅读书的兴趣十分广

鲁迅

泛，又喜欢写作，他对于民间艺术，特别是传说、绘画，也有着深切的爱好；正因为他广泛涉猎，多方面学习，所以时间对他来说，实在是非常重要。他一生多病，工作条件和生活环境都不

好，但他每天都要工作到深夜才肯罢休。

在鲁迅的眼中，时间就如同生命。"美国人说，时间就是金钱。但我想：时间就是性命。倘若无端的空耗别人的时间，其实是无异于谋财害命的。"因此，鲁迅最讨厌那些"成天东家跑跑，西家坐坐，说长道短的人"，在他忙于工作的时候，如果有人来找他聊天或闲扯，即使是很要好的朋友，他也会毫不客气地对人家说："唉，你又来了，就没有别的事好做吗?"

著名的华人物理学家李政道，因为在"宇称不守恒"理论上的卓越贡献，于1957年获得了世界最高物理学奖——诺贝尔奖。在众人的羡慕中，李政道说了这样一句话："普通人每天有二十四个小时，但我每天有二十五个小时!"

诺贝尔奖获得者杨振宁（右）与李政道（左）

原来，李政道是一个非常珍惜时间的人，在他年轻时初到海外求学的日子里，他为了提高自己的英语能力，常常把单词写在自己的手背上，或者写在纸条上夹在课本里，这样，只要一有时间，他就能够看到。他还利用课外时间听各种英语广播，就这样，他的词汇量增加了，听力也得到了很大的提高，终于突破了自己的语言难关。靠着这些努力，李政道为他将来的研究打下了扎实的基础，也正是因为这些原因，才使李政道得到了"比普通人每天多出来一个小时"。

读完上述多位名人节约时间的故事，同学们应该懂得：节约时间首先源于自我对于尊重时间、渴望创造价值的意识。在树立正确的时间观念的前提下，节约时间才会成为一件下意识的、自然而然的事情，而不仅仅是一时的心血来潮。另外要注意的是，节约时间首先要对时间成本有一个清晰的认识，不要走马观花，而是要充分地了解一分钟可以做多少的事情，能够记住多少的单词和读多少页书，你就知道如何节约时间了。

节约时间除了分秒必争以外，里面还包含着很多的学问。譬如要学会合理地分配时间，提前安排好自己的时间计划。这里需要指出的一点是，不是所有的方法对你都有效果，而是只能够作为参考。其实当你思维集中专注地去思考一个问题的时候，那是最节约时间的时候。生活和学习中的每个细节处都要提醒自己，不能拖拖拉拉，也不要拖泥带水。知易行难，知道了珍惜时间的重要性后，能不能做到就只靠自己的行动力了。

链接

阿兰·拉金，哈佛大学 MBA，美国时间管理之父。所著的《如何掌控自己的时间和生活》被誉为时间管理领域最为杰出、经典的作品。现在就让我们通过书中的一段文字来学习阿兰·拉金传授给我们的节约时间高招。

《如何掌握自己的时间和生活》封面书影

我是如何节约时间的

文/［美］阿兰·拉金

1. 我总是准时完成工作，尽量从每一分钟当中获得成就感。

2. 我努力享受自己正在做的任何事情。

3. 我对凡事都很乐观。

4. 我期待成功。

5. 我不会浪费时间为过去的失败感到遗憾。

6. 我不会浪费时间为那些自己没做的事情感到羞愧。

7. 我提醒自己："你总是会有时间去做那些重要的事情。"如果一件事情真的很重要的话，我总能找到时间完成它。

8. 我每天都会找到一些新的方法来为自己节约更多时间。

9. 工作日的时候，我每天5点钟起床（晚上早些上床睡觉）。

10. 我午饭吃得很少，这样我下午就不会感到困倦。

11. 我很少会读报纸或杂志，但我会在报纸摊上扫一下报纸的头版标题。

12. 读书的时候，我只会用很少时间，只了解书的要点内容。

13. 我没有电视机。（我和家人一起到旅馆里观看登月直播，有政治会议的时候，我们就租一台电视回来看。）

14. 我的办公室跟我的住所距离很近，所以我可以走路去上班。只有在遇到急事的时候，我才会开车。

15. 我会反思自己的旧习惯，并尽量改掉那些不好的习惯。

16. 我放弃所有的"等待时间"。如果我不得不等待的时候，我将其看成是放松自我的机会，或者我也可以利用这段时间来做一些我平时不会做的事情。

17. 我的手表比标准时间快三分钟，这样我每天都可以比别人提前三分钟。

18. 我会在口袋里放上一些长5英寸、宽3英寸的卡片，以便记录下随时想出来的好点子。

19. 我每个月都会重新修改一下自己的人生目标。

20. 我每天都会浏览一下自己的人生目标，并确保自己每天

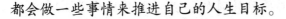

都会做一些事情来推进自己的人生目标。

21. 我把人生目标写在办公室的卡片上，每天提醒自己。

22. 即便是在做一些最不起眼的工作的时候，我都会想着自己的长期目标。

23. 我起床后的第一件事情就是规划，并把当天要做的事情安排好先后次序。

24. 我会详细列出每天要做的事情，排好先后次序，并努力尽快完成那些比较重要的事情。

25. 我会提前规划好下个月的活动安排，这样我每个月就会有足够的时间来完成那些比较重要的项目。

26. 每当完成一些比较重要的任务之后，我就会给自己放个假，或者是给自己一些特殊的奖励。

27. 我会首先做重要的事情。

28. 我告诉自己要更加聪明而不是更加辛苦地工作。

29. 我尽量只做 A 级活动，少做 B、C 级活动。

30. 我对自己安排作业次序的能力相当有信心，虽然会遇到各种困难，但我还是能够克服它们。

31. 我会问自己，"如果我不做这件事情的话，是否会出现极其严重的后果呢？"如果答案是否定的话，我就会取消这件任务。

32. 如果我感觉自己有些想拖拉的话，我会问自己，"你到底在逃避什么？"然后我会直接面对可能出现的问题。

33. 我随时使用 80/20 法则。

34. 在开始一个大型项目的时候，我会首先从那些最重要的部分开始，并经常发现其他部分其实并不重要。

35. 我会尽快减少那些毫无意义的活动。

36. 我给自己足够的时间来完成那些重要的工作。

37. 我已经具备了长时间集中精力的能力。

38. 我一次只集中精力处理一件事情。

39. 我集中精力处理那些能够带来长期收益的事情。

40. 我总是不断努力，并坚信自己会取得成功。

41. 我会坚持一件件完成"事务清单"上的工作。

42. 我会把自己的大部分想法记录下来。

43. 我会用早晨的时间做一些比较有创造性的工作，然后利用下午的时间召开会议（如果有必要的话）。

44. 我会为自己和其他人设定最后期限。

45. 我在每次跟人讨论的时候都会积极聆听。

46. 我尽量不浪费其他人的时间（除非是一些对我真正重要的事情）。

47. 我尽量把一些事情委托给他人完成。

48. 我会请专家来帮助我完成一些专业性的问题。

49. 我会请人帮我筛选邮件和电话，并帮助我处理所有常规性工作。

50. 我尽量减少纸面工作。

51. 每份文件我只处理一次。

52. 我会立即在一张纸条上回复大部分邮件。

53. 我会把自己的桌面整理干净，并把最重要的工作放到办公桌中央。

54. 我为所有的文件准备了专门的地方（这样我就不用再花时间到处找它们）。

55. 我每个月会专门抽出三小时时间来处理琐碎事情。

56. 我周末的时候尽量不考虑工作。

57. 我经常让自己放松，什么都不做。

58. 我意识到迟早有一天，我会用一些时间来应付一些自己无法控制的事情，我不会为此感到厌烦。

59. 我总是准备采取行动来进一步实现我的人生目标。

60. 我总是不断问自己："我现在最应该做什么事情？"

四、谁偷走了我们的时间

在回答这个问题之前，我们先通过现代文学史上著名作家朱自清先生优美的文字，来进行一番阅读和思索。

匆　匆
文/朱自清

燕子去了，有再来的时候；杨柳枯了，有再青的时候；桃花谢了，有再开的时候。但是，聪明的，你告诉我，我们的日子为什么一去不复返呢？——是有人偷了他们罢：那是谁？又藏在何处呢？是他们自己逃走了罢：现在又到了哪里呢？

我不知道他们给了我多少日子；但我的手确乎是渐渐空虚了。在默默地算着，八千多日子已经从我手中溜去；像针尖上一滴水滴在大海里，我的日子滴在时间的流里，没有声音，也没有影子。我不禁头涔涔而泪潸潸了。

去的尽管去了，来的尽管来着；去来的中间，又怎样地匆匆呢？早上我起来的时候，小屋里射进两三方斜斜的太

朱自清

阳。太阳他有脚啊，轻轻悄悄地挪移了；我也茫茫然跟着旋转。于是——洗手的时候，日子从水盆里过去；吃饭的时候，日子从饭碗里过去；默默时，便从凝然的双眼前过去。我觉察他去的匆匆了，伸出手遮挽时，他又从遮挽着的手边过去，天黑时，我躺在床上，他便伶伶俐俐地从我身上跨过，从我脚边飞去了。等我睁开眼和太阳再见，这算又溜走了一日。我掩着面叹息。但是新来的日子的影儿又开始在叹息里闪过了。

在逃去如飞的日子里，在千门万户的世界里的我能做些什么呢？只有徘徊罢了，只有匆匆罢了；在八千多日的匆匆里，除徘徊外，又剩些什么呢？过去的日子如轻烟，被微风吹散了，如薄雾，被初阳蒸融了；我留着些什么痕迹呢？我何曾留着像游丝样的痕迹呢？我赤裸裸来到这世界，转眼间也将赤裸裸的回去罢？但不能平的，为什么偏要白白走这一遭啊？

你聪明的，告诉我，我们的日子为什么一去不复返呢？

1922 年 3 月 28 日

面对文章末尾的提问，聪明的读者，你是不是也会像朱自清那样掩卷沉思一下，自己的时间都流逝在哪些地方了呢？

首先想一想，在平时的学习生活中，是不是缺乏对于时间观念的重视？

有一位同学，他做事情很认真，无论交给他什么事情，他都能做得很好。但是美中不足的是，他做事情有些慢，速度跟不上。有一年暑假，他的父母都要出差，把他一个人留在家里不放心，于是就把他送到爷爷奶奶那里呆上一周。临走的时候，父母

为了让他在暑假期间不放松学习，就留了50道数学题，叮嘱他一定要完成。过了一周，父母出差回来检查，却发现这位同学只完成了其中的20道题。父母很生气，认为他根本没有用心，就对他进行了批评。可是这名同学却很委屈，争辩说自己每天都在用功学习，做得非常认真。父母也怕冤枉孩子，再一检查，发现这20道题基本上都做对了。原来，这位同学做题的速度太慢，每道题都要花很长时间才能做完。虽然做对了，但父母交给的任务总体上却没完成。

类似的情况还出现在他的考试里，老师也向他的父母反映说，这位同学考试的时候做题太慢，经常答不完卷，但有意思的是，凡是他做完的题目，基本都是正确的！然而，虽然他的做题能力不差，但考试的时候总是得不到好分数，因为最后的两三道大题总是空着，来不及完成。这位同学自己也表示，"其实这些题目我都会做。"

通过以上这位同学的例子，我们发现，虽然他学习的态度非常认真，但是问题出在了他没有树立良好的时间观念。尽管他做题很认真，但总觉得"不急，慢慢做，做好就行了"，结果虽然题目做对了，但时间却用去太多，这样就造成了时间的极大浪费，效率也很难提高。

从该同学的例子我们可以看出：如果对于时间观念你已经足够重视，然而在时间利用上并没有达到很好的效果，也许，你缺乏的只是正确使用时间的方法。如果不能有效地利用时间，即使时刻处于忙碌的状态里，也不见得会收到良好的效果。在学习

中，经常有这样的同学，每天早上 6 点钟就起来，朗读英语；7
点钟到了学校，开始早自习；8 点钟，开始一天紧张繁忙的学习；
中午，别人都午休，他还在一个人看书；到了体育活动时间，别
的同学都出去玩了，他还在那里紧张地演算一道数学题；晚上回
到家里，也不看电视，也不跟父母交流一天的学习体会，而是吃
过饭就扎到自己的房间里，一学就是到十一二点……虽然看起来
他一整天都在学习，但是成绩却总是提不上去。这样就是典型的
缺乏正确利用时间的方法，只会死用功，却不知道怎样提高效
率，虽然付出了很多努力，却总是没有取得理想的效果。

还有一种情况在于自身缺乏足够的自律能力和意志力，导致
时间不能得到有效的利用。

古人为了抓紧时间学习，有"凿壁偷光""囊萤映雪"的典
故，而当代大数学家陈景润重视"三心"：信心、愉心、恒心。他
们的成功在于有坚强和恒久的毅力和品格，督促自己投入珍惜时
间、提高效率的实际行动当中。而放眼现实社会，现在的孩子大
都是独生子女，从小娇生惯养，结果养成了害怕吃苦的性格，意
志力薄弱，遇到一点小困难就容易放弃。很多同学在学习的时候，
当身边没有老师或者家长的约束和督促时，他们自己的自制能力
就有所懈怠，稍微放松一点，时间就过去了。常常在晚上写作业
的时候，偷偷地打盹、睡觉。而另外一些同学，虽然感觉困倦，
但是仍然坚持把功课做完。两相对比，意志坚强，能够约束自己
的同学收到的学习效果自然要比那些意志薄弱的同学要好很多。

从整个社会的大背景来看，不正确的引导方式也容易使得我

们的时间观念发生偏差。

在传统的教育观念里，学习和玩耍常常处于"水火不容"的状态里，老师和家长看到孩子在看动画片或者玩一些自己喜欢的游戏，就表现出不满的态度，询问孩子最近学习是否放松了，作业是否没有认真完成……使得孩子不能玩得尽兴。与之相反的是，只要看到孩子端坐在桌子前学习，就会感到欣慰。长久下来，学生对于时间的观念就会发生偏差："只要不去看电视，不去玩游戏，坐在桌子前面装出很刻苦很努力的样子，父母就会很高兴。"没有真正深入了解孩子的家长，看到孩子"努力"的样子，觉得孩子很懂事，很爱学习，觉得很满意，殊不知，孩子大部分的时间是"出工不出力"，徒然地浪费而已。

在视子女为掌上明珠的今天，很多家长的"包办"心理也使得孩子在时间管理方面，不能形成自己的规划。有些父母担心孩子年纪小，不足以自己安排事情，于是经常发生这样的情景：送孩子上学，督促孩子做功课，安排课外辅导班，周末也要布置练习题和作业。久而久之，孩子觉得一切事情全都由父母安排，自己不用去想，失去了安排自己学习和生活的主动性，每天只是机械地按照父母的意愿去做，他们学习的目的是"为父母而学习"，时间利用的效果当然也就不会好。

在需要认真高效地学习，为以后打下坚实基础的年龄里，是谁偷走了同学们的时间？这其中的原因是多种多样，应该针对自己的情况及时找到原因，以便对症下药，找到改进的方法，以便可以在愉快轻松的氛围中，更好地面对学习，更好地成长。

细数时间里的"窃贼"

1. 找东西。根据美国的一项调查，很多人每年将6周的时间都放在寻找胡乱放置的东西上，这意味着，每年要损失10%的时间。对付这个"时间窃贼"，有一条最好的原则：不用的东西扔掉，不扔掉的东西分门别类保管好。

2. 懒惰。懒惰也是无形中偷走我们时间的一个重要原因，克服懒惰心态可以帮你"夺"回很多时间。

3. 时断时续。不能集中精力，一鼓作气地完成学习和工作的方式，是浪费时间的大盗贼。因为重新开始学习和工作时，我们将需要花费时间调整大脑活动及注意力，才能在停顿的地方继续下去。

4. 延误。这是最浪费时间的情况，要避免这种情况出现，唯一的办法是预先把事情安排妥当。事前有准备，将偶然的延误时段利用起来，你能把本来会失去的时间化为有用的时间。

5. 惋惜和懊恼。老是想着过去犯过的错误和失去的机会，欷歔不已，又或者空想未来，这两种心境都是极浪费时间的。

6. 拖拖拉拉。很多人在学习中，花费许多时间思考要做的事，担心这个担心那个，找借口推迟行动，又为没有完成任务而悔恨。在这段时间里，其实他们本来早就可以完成任务了。

27

7. 对问题缺乏理解就匆忙行动。这种人与拖拉作风正好相反，他们在未获得对一个问题的充分考虑之前就匆忙行动，以致往往需要推倒重来。这种人就必须培养自己的自律能力。

8. 消极情绪。消极情绪使人失去干劲，工作效率下降。对人怀有戒心、妒忌、明争暗斗、愤怒及其他消极情绪使我们难以做到最好。这就必须进行自我心理调适，培养积极心态。

五、时间散落在身边的小事里

时钟总是处于嘀嗒嘀嗒的走动中。秒针嘀嗒前进的时候，就像一只忙忙碌碌四处觅食的蚂蚁。它不停地爬格子，只为了达成一个短期的目标——用 60 步构成 1 分钟。秒针走完 1 分钟后一刻也没得闲，又开始了下一轮的行走。它们走完 1 分钟又是 1 分钟，接着走完了 1 刻钟、1 小时和 1 天。

正是因为它们一直专攻较小的目标——走完 1 分钟，时钟的更大目标才得以实现。这就是为什么分针走得少、秒针走得多的原因。分针走完 1 小时只需要迈 60 步。时针是指针中最幸运的一个。它 1 小时只需要走 1 步，但秒针却要走 3600 步。

时钟不停走动着

同样的，我们在生活中有时候常常意识不到身边有大量的事情要去做。在处理每一个大任务的间隙，我们是可以找到足够的时间来完成那些细小的任务的。如果你在等车的时候，可以看杂志，甚至为考试列个大致学习计划。坐车旅行的时候，你仍可以找到足够的时间去浏览前一天的笔记。

而小事里时间的忽视和浪费也是十分惊人的。举一个简单的例子，上课的时候某位同学不专心听讲，走神了 1 分钟，这时候他已经浪费了珍贵的 60 秒时间。如果他的走神引起了老师的注意，致使老师不得不停下正在讲授的课程内容，来提醒他注意集中精力，这时候，他就占用了全班同学的时间，使得全班同学的注意力都从黑板转移到他这里来，这样的浪费就是全班 60 个人的 1 分钟，加起来，就是 60 分钟。一堂课 60 分钟，一天 8 节课就是 480 分钟，整整 8 个小时！

再比如，有些同学在整理书包的时候丢三落四，毫无条理性，往往到了要出门时才又想起来需要什么东西，跑回去好几趟，一来二去，容易造成迟到。其实只要在收拾书包的时候把第二天上课需要的学习工具、书本、作业都检查仔细，就不会造成这样的时间浪费。

类似情况细数起来还有很多：在学校里聊天，没有节制地玩，无目的张望，无目的地看书，整理头发或服装等。在家学习时坐一会儿、站一会儿，心神不定；找东西；不时喝茶或上厕所；写日记、写信、看信；在笔记本上乱写乱画；被电视机、收音机的节目分了心；被别人的活动分了心；淘气；打盹，小睡一会儿。这些事情看上去虽然很小，每次浪费的时间也只有几分钟而已，但是长此以往，积累的数字就会触目惊心。每个不经意的行为都会成为时间的"杀手"，白白地抢走了你的时间，要想在学习上取得成功，就必须下决心杜绝这种浪费。

　　我国宋代的文学家欧阳修利用"三上"，即"马上、枕上、厕上"的时间来读书和学习。不放过这些细小的事情，才能在大的格局中应对自如，取得成绩。就如时钟嘀嗒嘀嗒走动一样，我们也在永不停息地将自己投入到多种多样的环境当中，并由此学习新的知识。这些琐碎的知识和经验，或许可以在日后帮助你实现很多更大的目标。俗话说："时间和机遇不等人。"如果真是这样，我们现在做事情就不能浮于表面，而要更有效地利用时间才好。

六、时间需要高效利用

其实，利用时间不在于时间的多少，而是在于有限的时间里是否最大限度地提高了自己的效率。这里可以讲一个小故事。一位青年画家专程请教大画家阿道夫·门采尔："我画一幅画只要不到一天，可是为什么卖掉它却要等上整整一年？"门采尔笑着回答："请倒过来试试。要是你花一年时间去画，那么，只需要一天就能卖掉它。"青年画家接受了门采尔的忠告，回去后苦练基本功，深入搜集素材，经过周密的构思，用了近一年的时间创作了一幅画，果然，这幅画不到一天就卖掉了。

阿道夫·门采尔的成功之道就在于他深谙时间的利用法则，

阿道夫·门采尔的作品《笛子演奏会》

所谓"好钢要用在刀刃上"，同样的时间，花费在创作上比花费在售出上更加地有效，这样一来，也能更好地达到预期目标。

在学习中，有几个方法可以使你在有限的时间里完成更多的事情，这里列出以下几点供同学们选择使用：

把必须要做的事情和可做可不做的事情清楚地分开；

从重要的、难度较大的事情开始着手；

要有切实可行的学习时间表；

正确地使用空闲时间；

要把学习用具放在手头，随时准备使用；

在学习的过程中不要胡思乱想；

在学习时要真正学到心中，养成埋头苦干的习惯；

要掌握书写和阅读的正确方法；

要学会经常地做课堂记录；

选择一个符合自己的作息时间；

……

这里只是从宏观上谈到高效利用时间的重要性，以上列出的几点建议可以供同学们参考，具体的操作方法我们在后文中将会陆续提到。

刘墉，祖籍北京，生于台北，著名的散文家及画家。其作品以教导读

台湾作家刘墉

者如何面对人生为己任，行文穿插各种小故事及自己的人生体会。下面这篇文章是刘墉关于时间利用方面的体会和感悟，相信你会从中受到不少的启发。

用时间与用金钱

文/刘墉

你问我"用时间的方法"，我的答案是：用时间好比用金钱，如果你知道怎样用钱，也就应该知道怎样用时间。

金钱与时间，在"会用"与"不会用"者的手中，是可能产生天渊之别的。善于理财的人，能够用有限的金钱，买到他所需要的东西，甚至以钱滚钱，创造更多的财富。至于不懂理财的人，则可能毫无计划地使用，东买一点、西添一样，到头来买的东西不少，却可能该有的没有，既买的又无用处。

同样的，会用时间的人，懂得安排时间，按照事情的缓急来支取，到头来，不但完成了他要做的，而且能够留下多余的时间。至于不会用的人，则东摸摸、西磨磨，时间一分一秒地过去，浪费的比利用的多，犹豫的比决断的多，时间永远不够用，事情永远做不成。

这样说，或许你还不懂。那么，让我举个例子吧！

如果我今天给你几千块钱美金，要你自己出去生活，你要怎样使用这些钱？你不会先去买电脑游戏，也不至于先去看百老汇舞台秀，而是在解决了衣食住行的问题，并缴完学杂费之后，才开始考虑电视和其他娱乐支出，对不对？

于是，当你把自己的开销做成统计图时，会看到有大笔的开支，也有小笔的花费，有必要的支出在先，也有非必要的支出在后。

同样的道理，今天上帝给了你时间，你不能先拿去打电脑游戏和看电影，也不可以先去整理相簿、看小说和胡思乱想，而应该先安排出自己睡眠。上课、读书和通学的时间，因为没有充足的睡眠，你的身体状况不可能好；不花时间乘车，你到不了学校；至于上课、读书，则是你现阶段最重要的事。当然，除此之外，你必须吃饭、交际、消遣，并处理生活上的琐事。只是在整个时间的分配上，前面几项占的分量大，后面几项占的时间少。

我为什么会特别提出所占比例的问题呢？很简单，当你有一笔巨款，你可以考虑买贵的东西；相反的，你有的款子少时，自然是买小的东西。一个永远只买小东西，钱多的时候也不买房子、汽车的人，不能算是懂得用钱的人。同样的，如果你支配每一段时间，都用来做小事，也不能算是会用时间。必须既会利用长时间，完成较大的工作，又知道掌握零碎的时间，做小事情。譬如当有两个月的暑假时，你可以计划作一个参加西屋科学奖的大研究报告。当你有一个星期的假日时，你可以为校刊写篇专访。当你只有周末两天的时间，你就只能做做功课、出去看场电影或邀几个朋友聚会一下。如果你在暑假的"大时间"天天用来聊天、看电影，在周末却想写大的研究报告，就是大小时间不分了！

有一个人总是急急忙忙地做事，朋友问他为什么这么赶，何不轻轻松松慢慢来。他回答："我做事快，正是为了争取多余的时间。你们看到的固然是我忙碌的一面，其实当我回到家，却有比你们更多的休闲时间，也利用它完成了许多本业之外的理想。"

这个人是以速度来争取时间，他把零零碎碎的"小时间"集中，成为大时间，也就能做较大的用处。比起那些做事总是拖拖拉拉，永远没有较大"空闲"的人，当然要算是知道利用时间的。

我们也时常看见主妇们一面聊天、看电视，一边织毛衣，由于这两种事都属于较轻松的，不必百分之百地集中精神于其中一项，所以她们在同一时间，做两件事。

不过我也知道，有一位著名的女作家，在她年轻时为了争取时间写作，甚至一边煮菜、一面写稿，国画大师黄君璧更是一面跟来访的朋友聊天，一面作画。这就非要高人一等的功力不可，由于上帝给每个人的时间都一样，那有过人成就的，往往都懂得这种一时两用的方法。

所以，当你假日起床之后，坐在桌前发呆，说是要想想那一天的时间该怎么安排，就已经是在浪费时间。你何不一面洗脸、刷牙、吃早餐，一边想这些事呢？

我过去作画到深夜，总是先把调色盘和砚台洗净，才安心地去睡觉，但是后来改成了每天起床之后做这些事，因为前一夜已经疲惫，洗砚台时，脑海里一团迷糊，无法再想事情，不如省下时间，早些上床。第二日脑子清醒的时候，再一面洗一面想，许多写作和绘画的灵感，也就在这一刻产生。

或许你要说，做事应该专心，同一时间只能做一件。我想对于念书、算数这件需要高度精神集中的事，确实如此，但如果讲：等公共汽车时不能一边看报，就没有道理了！在何种情况下一时两用、一心两用，必须由你自己去决定。但我要强调，在这个讲求速度的时代，同一时间永远只能做一件事的人，将可能被淘汰。

综合我以上所说的，掌握时间的原则应该是：

一、决定事情缓急、轻重，以优先顺序来安排时间，免得该做的到头来没有做。

二、以大的时间做大的事情，以小时间做小事，绝不将大时间打碎，用来处理琐事。

三、以速度争取时间，将争取到的小时间，集中为较大的。

四、如果可能，在同一时间，做更多的事情，使时间多元化。

你细细想想，这用时间与用钱的道理岂非相去不远吗？

七、时间需要遵守

日本著名的新干线高速铁路1964年正式运营，40多年以来，平均晚点只有12秒。一趟列车即使只晚点几分钟，新干线铁路部门都会向公众致歉。从这个令人惊叹的纪录中我们能看到日本民族对于时间的重视，以及由此带来的整个社会的高效率。

日本的新干线

这里再举一个发生在日本的例子。东京机场对面有个餐厅，有人问老板："我明天早晨5：30的航班，你的店铺能这么早开吗?"老板回答说："我们敢把店铺开在机场对面就是为了让大家有饭吃，我们 5∶00 准时开门。"这个人心想 5∶00 还准时，我明天就去看看你们怎么表演。结果第二天一大早他发现 4∶30 店铺就开始忙碌了，4∶50 基本准备就绪，4∶59 所有员工统统站在门口准备迎接第一个客人，4∶59∶59 店门打开，老板宣布："开始营业。"

时间对于每个人来说都是极其宝贵的，在我们不断地树立珍惜时间、节约时间，更高效地利用时间的同时，我们也应该换位思考一下，意识到别人的时间同样也非常重要。这就要求我们在生活和学习中注意遵守时间，不能占用和浪费别人的时间。

遵守时间的观念是人人应该具备的，假如人人都能很守时，很多事情就会按计划取得成功，并达到完善的效果。如果人人都不能守时，就会对许多计划好的事情造成破坏，不但不能达到预期效果，而且浪费时间。

遵守时间，是做人的基本原则。很多人喜欢迟到，并且对此不以为然。其实迟到对自己对别人都没有好处，不管是什么事情，迟到就意味着错过精彩的内容、难得的机会，或者是自己非常珍惜和向往的事物，一旦错过在心理上引起懊恼的情绪，随之产生的消极影响将会持续更加久远的时间，造成不好的后果。

上课迟到会打扰老师的讲课思路，考试迟到会影响自己的答题节奏。对于已经约好的事情，你的迟到对于别人的守时是一种极为不礼貌的行为，并且耽误和浪费了别人的时间。而在一些集体活动中，迟到的行为将会对整个活动的进程产生影响，如果你恰好是某项活动的组织者，那么你的迟到就不仅仅是个人的失误，而会造成整个集体活动的推迟或者取消！

找到自己迟到的深层原因，并可以通过以下简单有效的办法来摘掉自己"迟到大王"的帽子。这里尤其要强调的是，杜绝迟到，应该从现在开始行动，而不是寻找借口拖到以后。

随身带一个记事本，将自己的计划都清楚地记在上面，并且足够重视，做一个信守承诺的人，一生都会从中受益。

如果你实在是"容易"迟到的人，那么你就应该承认并且提醒自己，自己并不是一个很好的时间预测和规划者，所以每次做事情之前一定要提前做好准备，比最初的计划提前 10～15 分钟离开，迟到将不再是你的专利。

换位思考在防止迟到方面也是一剂良药。想象自己是那些曾经被你晾在一边等过你的人之一，或者提前到达一次，体会那时候你从未放在心上的别人等待时的焦虑，也许你将不再迟到。

在遵守时间方面，手表可以称得上一位严谨而认真的朋友。如果你自己能亲眼看到时间一分一秒地到了约

手表是你严谨的朋友

会时间，而你却没有准时到达约会地点，那份紧张和压力，可能会成为你未来的动力，让你不再迟到。

链接

梁实秋，祖籍浙江杭州，出生于北京。中国现代文坛著名的散文家、学者、文学批评家、翻译家，国内第一个研究莎士比亚的权威学者。

著述颇丰的梁实秋在晚年面对时间的流逝，曾表达过人生中有几个遗憾：有太多的书没有读；与许多鸿儒没有深交，转眼那些人已成为古人，诸如此类。时间是如此宝贵，又毫不留情，因此在梁实秋笔下，守时变成一种感慨甚至是一种呼吁。

梁实秋

守 时

文/梁实秋

《史记》五十五留侯世家，记载圯上老人授书张良的故事，甚为生动："从五日平明，与我会此。"良因怪之，跪曰："诺。"五日平明，良往，父已先至，怒曰："与老人期，何后也？"去曰："后五日早会。"五日鸡鸣，良往，父又先在，复怒曰："后何也？"去曰："后五日复早来。"五日良夜未半往。有顷，父亦来，喜曰："当如是。"

老人与良约会三次。第一次平明为朝，平明就是天刚亮，语义相当含糊，天亮到什么程度才算是平明，本难确定。"东方未明"是一阶段，"东方未照"又是一阶段，等到东方天际泛鱼肚色则又是一阶段。良平明往，未落日出之后，就不算是迟到。老人发什么脾气？说什么"与老人期"之倚老卖老的话？第二次约，时间更不明确，只说早一点去。良鸡鸣往，"鸡既鸣矣"就是天明以前的一刹那，事实上已经提早到达，还嫌太晚。既然如此，为什么不早明说，虽然这是老人有意测验年轻人的耐性，但也不必这样蛮不讲理的折磨人。有人问我，假如遇见这样的一个老人作何感想，我说我愿效禅师的说法："大喝一声，一棒打杀！"

黄石公的故事是神话。不过守时却是古往今来文明社会共有的一个重要的道德信念。远古的时候问题简单，日出而作，日入而息，根本没有精确的时间观念，而且人与人要约的事恐怕也不太多。《易·系辞》所谓"日中为市，致天下之民，聚天下之货，交易而退，各得其所"，不失为大家在时间上共立的一个标准，晚近的庙会市集，也还各有其约定俗成的时期规格。自从有了漏刻，分昼夜为百刻，一天之内才算有正确时间可资遵循。周有攀壶氏，自唐至清有攀壶正，是专管时间的官员。沙漏较晚，制在元朝。到了近年，也还有放午炮之说。现代的准确计时之器，如钟表之类，则是明朝的舶来品，"明万历二十八年，大西洋人利玛窦来献自鸣钟。"（《续通考·乐考》）嗣后自鸣钟在国内就大行其道。我小时候在三贝子花园畅观楼内，尚及见清朝洋人所贡各式各样的自鸣钟，金光灿烂，洋洋大观。在民间几乎家家案上正中央都有一架自鸣钟，用一把钥匙上弦，昼夜按时刻叮叮当当的响。外国人家墙上常见的鹤鸣钟，一只小鸟从一个小门跳出来报时，在国内尚比较少见。至于如今的手表（实际是腕表），高官大贾以至贩夫走卒无不备有一只了。

普遍的有了计时的工具，若是大家不知守时，又有何用？普通的衙门机关之类都订有办公时间，假如说是八点开始，到时候去看看，就会知道那是怎么一回事。大抵较低级的人员比较守时，虽然其中难免有几位忙着在办事桌上吃豆浆油条。首长及高级人员大概就姗姗来迟了，他们还有一套理由，只有到了十点左右，办稿拟稿逐层旅行的公文才能到达他们手里，早去了没有用。至于下班的时间，则大家多半知道守时，眼巴巴地望着时钟，谁也不甘落后。

……

要守时，但不一定要分秒不差，那就是苛求了。但也不能距约定时间太远，甲欲访乙，先打电话过去商洽，这是很有礼貌的行为，甲问什么时候驾临，乙说马上就去。问题就出在这"马上"二字，甲忘了询问是什么马，是"竹披双耳峻，风入四蹄轻"的胡马，还是"皮于剥落，毛暗萧条"的瘦马，是练习纵跃用的木马，还是渡过了康王的泥马。和人邀约，害得对方久等，扶诸时间即生命之说，岂是轻轻一声抱歉所能赎其罪行？

守时不是最容易事，要精神总动员。要不要先整其衣冠，要不要携带什么，要不要预计途中有多少红灯，都要通过大脑盘算一下。迟到固然不好，早到亦非万全之策，早到给自己找烦恼，有时候也给别人以不必要的窘。黄石公那段故事是例外，不足为训。记得莎士比亚有一句戏词："赴情人约，永远是早到。"情人一心一意的在对方身上，不肯有分秒的延误，同时又怕对方忍受枯守之苦，所以"月上柳梢头，人约黄昏后"，老早的就去等着，"月移花影动，疑是玉人来"了。

我们能不能推爱及于一切邀约，大家都守时？

第二章

管理时间有学问，你掌握了吗

　　第一章我们主要介绍了时间的重要性，以及我们应当以一种什么样的态度来对待时间，但是"知道"和"做到"二者之间需要通过具体的行动才能有效地实现。而要想成为时间的主人，其中可是有很多学问的。

　　别着急，接下来让我们通过具体时间管理的学习，来逐渐地掌握它。

一、时间需要进行管理

这是一个讲求速度的世界，要用最短的时间完成最多的事情。据悉美国总统奥巴马简直变成了夜猫子，他感叹在金融危机弥漫的日子里，时间变得一点也不够用。白宫工作人员因此不再朝九晚五，而要经常加班加点甚至熬通宵。这正应了一句名言，"时间是永远不会结束的挑战"。

然而，在时间管理上富于经验的人永远不会在纷至沓来的工作和学习任务里分身乏术。作为一个优秀的时间管理者，他急需要有宏观的眼光思考长远的目标大计，也会聚精会神地处理手头亟待完成的具体时间。对于任务提前的规划、安排、实施的妥善处理，甚至力求在起跑线上、姿势上都比别人更接近起跑瞬间，这样严谨的态度使得他们成为时间的主人。不懂得时间管理的人，不能充分利用时间，即使没有退步，但是别人的进步已经远远把你抛在后面，结果可想而知。

要想做到有效的时间管理，应该优先顺序，对时间进行有效分配，把最重要的事，排在最前面，最急的事排其次，然后再安排不重要的事，最后才安排不急的事。只有做好轻重缓急的时间安排才能提高工作效益，让时间增值。时间管理，可以从以下几个方面来实行。

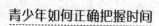
首先，要做到目标明确。没有目标，就谈不上怎么进行管理时间，目标是时间管理的基础，而且目标的设定要做到清晰详细，从年度宏观目标到月目标到每天的具体目标要逐一列出，这样时间管理才能做得具体可行。

其次，要做到每天抽出时间思考，目前的效率如何，以及是否还能提高。2000 年前孔子的弟子曾子在《论语》中说："吾日三省乎己。"其实也可以说是关于时间管理的思考，一天数次反省自己，才能很快地进步。

另外，还要做到，每一分钟、每一秒钟都做最有效率、最有价值的事情。工作学习中，我们也可能有闲暇，这个时候就可以把精力集中于思考的氛围里，想一想应该怎样做才能把时间充分利用，做好工作，多学东西。

以上是时间管理的一些基本方面。在现实生活当中，每个人有自己的时间管理方法，要做得更好需要每个人去实践、去思考，从而找出最好的管理方法。总之，在这个充满竞争的时代，时间管理对于每一个人来说都非常重要，提高效率，才可能创造出更多的成功机会。

链接

跟三位成功的 CEO 学习时间管理术

时间总是不够用，但是成功的职业经理人，总是有一套自己应对工作的时间管理术。让我们来看看下面的三位成功 CEO 是如何管理自己的时间吧！

李锡焕：一开始就解决最难的工作

李锡焕，曾为韩国 SK 电讯投资（中国）有限公司董事长。

作为一家经营项目各异的综合类大公司，SK 的中层以上都有年度、月度和每天的时间表，而且中层和高层要互相确认彼此的时间表，力求做到准确无误。高层要掌握中层员工的时间表，方便作出任何时间上的决策。借助现代化的管理手段，是提高工作效率的一个好方法。SK 公司经常在大会议室开北京、新加坡、韩国三地的视频会议，直接、方便、节省时间，非常有效率。

李锡焕在时间分配上，基本是 60%～70% 的时间是在工作状态，20% 的时间留下来充电和学习。比如他每天下午 4 点会请一位中文老师来教汉语。同时他懂得如何安排工作中的轻重缓急，首先对下属下达命令，其次跟各地方公司进行沟通联系，最后才是自己的事情。这样能保证有更多的时间给员工去执行，高层也有时间去检查项目的动态如何。而当遇到突发事情的时候，李锡焕总是在第一时间解决好这个事情或者危机，最后才是追究责任。这也是时间管理的重要一环，是公司对待最重要的事情和最紧急的事情的态度立场。

李锡焕的时间管理心得：

1. 永远不要把最难的事情留到最后，因为人有惰性，你把最难的事情留到最后，往往会说服自己留到明天。开始一天工作前，首先集中精力解决最核心、最具挑战性的工作。

2. 合理安排时间。李锡焕一般上午安排会议，下午安排学习。因为下午人的精力会差很多，安排一些放松式的学习可以转换休息大脑。

罗志：一年要做别人五年的事情

罗志，曾为夏利豪精品北京总代理澳罗（北京）商贸有限公司总裁。

在公司里，罗志会要求员工们把事情提前完成，在做事情的时候要想三步而非一步，因为接下来还有更多的事情要忙。提前预计是最好的时间管理手段。而他自己节省时间的秘诀则是争分夺秒，包括吃饭、睡觉和开会。他常常用5分钟就结束吃饭，走路疾步如飞，随时随地利用时间休息。

如果早上有会议，罗志会要求提前20分钟开会，也就是8：40，这样散会后员工能有更多的时间去实施会议的内容。如果实在没时间开会，罗志会在吃午饭的时候和员工一起，也就是工作午餐了，边吃边开会——这听起来很魔鬼吧！

罗志的时间管理心得：

1. 特别注重随时随地休息，这样随时补充体力，一旦再工作起来，就觉得精力旺盛了。

2. 要在内心里给自己一种快节奏的感觉，时刻保持一种战斗状态，这样才不会给自己浪费时间的机会和心念。

全忠：一日之计在于前天晚上

全忠，曾为上海成全置业顾问有限公司董事长。

全忠因为地产生意的缘故，大部分时间都在出差。他总是会在前一周排出下一周所有的日程安排，每天的日程表一般从早上九点到夜里两三点。在前一天晚上就开始对第二天大小事情做一个不同等级的排序，A 到 B 到 C，A 里面也有 A_1、A_2，以此类推。对于员工，全忠会要求他们写日报，并且写明天的工作安排，对于今天的工作自己有个简单的评语。

时间管理就是效率管理，每周要有一次深度思考，可以知道在本周时间上的安排哪些可圈可点，哪些下次可以做得更完善的，这样都是避免重复错误的好办法。全忠每个月还给自己追加一个个人的月度分析，比如本月到过的城市、出差的次数，在时间的分配上观察是否与项目的重要性匹配。

全忠的时间管理心得：

1. 结束一天的工作时，会想好明天的计划，总结今天的工作得失。这样，再工作起来可以少走弯路，而且更有效率。

2. 见缝插针式工作：时间管理中重要一环就是对于零碎时间的合理运用，在候机时读杂志和看书，就是利用这段难得的时间充电，补充资讯。

二、帕金森定律的启示

如果在你的面前摆着 4 样东西：一个瓶子、石块、鹅卵石和沙子。怎样才能让这个瓶子最大容量地装载东西呢？有人只认准沙子，认为只有这样才能让整个瓶子不留一点空隙，达到瓶子的最大承载量。有人就先放进石块，然后再放进鹅卵石，最后再装细小的沙子。这样，瓶子的承载量比先前的要大。

这个游戏映射到现实生活中，反映的就是关于时间管理的问题。瓶子是你一天的工作任务量，石块是你一天中要处理的头等大事，鹅卵石是重要的事情，沙子自然是鸡毛蒜皮的小事。如果让沙子之类的鸡毛蒜皮的小事充斥你一天的工作和学习，那么一天的事情将变得非常的琐碎和疲惫，忙碌却劳而无功。

美国著名历史学家诺斯古德·帕金森通过长期调查研究，写了一本名叫《帕金森定律》的书。在书中他指出，经过多年的调查研究，发现一个人做一件事所耗费的时间差别如此之大：他可以在 10 分钟内看完一份报纸，也可以看半天；一个忙人 20 分钟可以寄出一

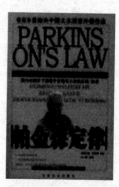

《帕金森定律》封面书影

50

叠明信片，但一个无所事事的老太太为了给远方的外甥女寄张明信片，可以足足花一整天：找明信片一个钟头，寻眼镜一个钟头，查地址半个钟头，写问候的话一个钟头零一刻钟……特别是在工作中，工作会自动地膨胀，占满一个人所有可用的时间，如果时间充裕，他就会放慢工作节奏或是增添其他项目以便用掉所有的时间。只要没有明确的时间期限，本来只需要 2 个小时就能够完成的事情，如果有 2 个星期的时间去做它的话，我们就一定会拖到最后 2 个小时才会去完成。

时间管理隐含着你可以为一项任务安排过多的时间，如果你给自己安排了充裕的时间从事一项工作，你会放慢你的节奏以便用掉所有分配的时间。帕金森的结论是："一份工作所需要的资源与工作本身并没有太大的关系，一件事情被膨胀出来的重要性和复杂性，与完成这件事情花的时间成正比。"你以为给自己很多很多的时间完成一件事就可以改善工作的品质，但实际情况并非如此。时间太多反而使你懒散、缺乏原动力、效率低，可能还会大幅度降低效力。帕金森法则认为，工作在最终期限到来前是不可能被完成的。这一法则实际上是依赖人与生俱来的惰性和对最后期限的潜意识发挥作用。人们会下意识地根据完成时限的远近把工作分为三六九等，完成时限越近，人们对某项工作的关注度越高、投入的精力越大。迫近最后期限的工作，会促使人们挖掘自身的潜能，调动一切资源保证任务按期完成；而那些完成时限较远或可以被无限期推迟的工作往往被束之高阁。

假定工作在时间要求上有足够的弹性，那么显而易见，工作量与分配的工作人员数量之间只有很微弱的联系。没有活干并不一定意味着清闲。没有工作也不一定无所事事。事情的重要性和复杂程度随着可用时间的增加成正比例膨胀。一位儿童心理学家曾举过这样一个例子，一位平均成绩无法维持在 C 的学生的家长向这位心理学家咨询如何提高孩子的学习成绩，在看到孩子原来只修最少学分的情况后，心理学家建议这个学生多修一些课，而不是少修一些。结果出乎了学生本人和家长的意料，这名同学所有课程的成绩不降反而有所上升。事实上，这个学生要做的就是如何提高学习效率、打起精神。

帕金森定律给我们启示就是，每天花几分钟时间考虑任务，给优先的工作空出时间，再给自己的计划设定一个合理的时间限制，就能够最大限度地提高生产率。为避免拖拉、克服惰性，应该为工作设置尽可能短的完成时限，通过时间的压力保持工作的动力，使每一项工作都能在第一时间完成，以便争取主动；对于那些对未来起重要作用的长远目标和长远规划，则应进行合理分解，细化为在每一阶段可完成的小目标，并设定严格的时限，以避免这些重要而不紧急的任务在日常工作中被忽视，出现平时不烧香、临时抱佛脚的被动局面。

在抵制"帕金森定律"所造成的消极影响方面，教育专家魏书生可以说是一个真正的时间管理大师。他一人担任教育局长、校长、一个班的班

教育专家魏书生

主任，两个班的语文教师，还兼全国中学生学习研究会理事长等计38项社会兼职，出版了个人专著18部。再加上外出开会、作报告所占用的一大部分时间，如果不是时间管理大师，别说干得出色，就是平庸地完成这些工作也是万万不能的。

为什么我们单单完成一项工作，还不如魏书生老师完成多项工作做得出色呢？没有做好时间的管理是其中的重要原因。魏老师曾专门给他的学生写过一篇文章，谈过控制"三闲"的问题，所谓三闲就是"闲话、闲事、闲思"。即凡是对工作和学习没用的，或者有害的话和事，一律不说一律不做，这两个方面还是比较容易控制的，最不容易做的就是控制闲思。魏书生举了一个例子，说在某次他上公开课的时候，接到一个消息，说学校的汽车出了车祸，结果难以控制地想这个问题，自制无效，也难摆脱。回到课堂，不良的情绪才被紧迫的事实挤走。下课后，又因为忙碌的工作没有时间闲思这个问题。但是回到家，安静下来了，闲思就占据了所有时间，结果一个晚上都没有睡觉。怎么才能控制住三闲，尤其是闲思呢？魏书生给出的建议是，少说多干，养成习惯。每天工作学习结束后，坚持写反思笔记，记录工作学习的得与失，文字长短皆宜，少则几十字，多则几百字。通过不断地反思和纠正，养成终生受益的习惯。

怎么才能控制住自己去做有意义的事情，对于我们来说，没有比做计划更好的方法了。由于自控能力有限，所以做计划一定要细，要用分钟作为单位去分配任务。譬如说上网，首先把可能需要浏览的网页都列出来，浏览之前大体预测一下时间，然后再去做。既然查阅邮件三分钟足够了，那么第四分钟该做什么事应该很清楚。如果一边浏览，一边想下一步干什么，往往就会浪费大量时间去浏览无关的内容。

在时间管理方面还有另外几条重要的法则，有利于我们从整体上规划和安排个人学习、生活、工作的时间，这里可以供大家参考。

1. 墨菲法则

1949 年一名叫墨菲的美国空军上尉工程师，发现假定你把一片干面包掉在地毯上，这片面包的两面均可能着地。但假定你把一片一面涂有一层果酱的面包掉在地毯上，常常是带有果酱的一面落在地毯上。换一种说法，如果某件事有可能变坏的话，这种可能就会成为现实。这就是墨菲法则。它的适用范围非常广泛，它揭示了一种独特的社会及自然现象。它的极端表述是：如果坏事有可能发生，不管这种可能性有多小，它总会发生，并造成最大可能的破坏。

第一法则：做任何事情都不是看上去那么容易。

第二法则：做任何事情需要花费的时间都比你以为的要长。

第三法则：凡有可能出错的事情终将出错。

墨菲法则给我们的启示是，牢牢把握时间，必须想在前头。在实施计划前就预想可能遇到的麻烦和危机。

2. 马太效应

"马太效应"来自于《圣经·马太福音》中的一则寓言。一个国王远行前，交给三个仆人每人一锭银子，吩咐他们："你们去做生意，等我回来时，再来见我。"国王回来时，第一个仆人说："主人，你交给我的一锭银子，我已赚了10锭。"于是国王奖励了他10座城邑。第二个仆人报告说："主人，你给我的一锭银子，我已赚了5锭。"于是国王便奖励了他5座城邑。第三个仆人报告说："主人，你给我的一锭银子，我一直包在手巾里存着，我怕丢失，一直没有拿出来。"于是国王命令将第三个仆人的那锭银子赏给第一个仆人，并且说："凡是少的，就连他所有的，也要夺过来。凡是多的，还要给他，叫他多多益善。"

"马太效应"在社会生活各个方面广泛存在，它体现为你原本有的，继续给你，使你拥有更多；你原本没有的，继续剥夺你，使你更穷。

对于时间管理方面，"马太效应"的启示是：越善于利用时间，时间就越多；反之亦然。

3. 80/20 法则

80%的收获来自20%的时间，80%的时间创造了20%的成果。

80/20法则又称帕累托法则，是由意大利经济学家和社会学家帕累托发现的，最初只限定于经济学领域，后来这一法则也被推广到社会生活的各个领域，且深为人们所认同。帕累托法则是指在任何大系统中，约80%的结果是由该系统中约20%的变量产生的。例如，在企业中，通常80%的利润来自于20%的项目或重要客户；经济学家认为，20%的人掌握着80%的财富；心理学家认为，20%的人身上集中了80%的智慧等。具体到时间管理

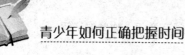

领域是指大约 20% 的重要项目能带来整个工作成果的 80%。并且在很多情况下，工作的头 20% 时间会带来所有效益的 80%。

80/20 法则对我们的启示是：大智有所不虑，大巧有所不为。工作中应避免将时间花在琐碎的多数问题上，因为就算你花了 80% 的时间，你也只能取得 20% 的成效，出色地完成无关紧要的工作是最浪费时间的。你应该将时间花在重要的少数问题上，因为掌握了这些重要的少数问题，你只花 20% 的时间，即可取得 80% 的成效。

4. 细微边界法则

细微边界法则是指时间上的细微差别可能导致最终结果上的巨大差异，即所谓"失之毫厘，差之千里"。

细微边界法则在生活中无处不在，如因一分钟之差错过了列车，可能要再花几个小时或更长时间等待下一列；抢救危重病人延误一分钟，可能会夺去病人的生命；而在比赛中慢了一秒钟，就可能与奖牌擦肩而过……细微边界法则在经济领域表现得更为突出，现代市场竞争已经由"大鱼吃小鱼"转变为"快鱼吃慢鱼"，企业间在对市场反应速度上的细微差距，可能导致利润率上的天壤之别。英特尔公司就是因为总能比竞争对手快一步推出性能更高的处理器，成功攫取了 CPU 市场 80% 的利润。而那些动作总比别人慢半拍的企业，均难以摆脱最终覆灭的命运。

细微边界法则告诉我们，决定一个人能否成功，有时不在于其是否比别人付出了更多的辛苦，而在于其是否比别人先行一步。先行一步天地宽，抢先一步，就会领略到别样的风景，就会占尽先机，而办事拖拉、没有时间观念，就可能因一步赶不上而步步赶不上。为此我们必须增强时间观念，无论做什么事情，都要有时不我待的紧迫感，早谋划、早准备、早着手，这样才会在工作和生活中争取主动；凡事都要打好时间提前量，这样才会避免因一步之差而与成功失之交臂的遗憾。

5. 聚光法则

只有把阳光聚集到一点，才能产生足够的热量把火炬点燃。同样，聚光法则认为，只有把有限的时间聚焦到重要的目标上，才能保证事业上的成功。目标过于分散等于没有目标，把有限的时间分散到众多的目标上，就像把有限的资金在众多的项目上漫天撒网，最终只能导致每一个项目都虎头蛇尾、半途而废。如果把宝贵的时间投资都用来建设烂尾楼和半截子工程，最终将使你的时间账户彻底破产，导致你一事无成。

聚光法则对我们的启示是：专注与执著是成功的关键。我们在工作中应该养成聚精会神的习惯，避免过多目标的诱惑，一次应只瞄准一个目标。一旦开始某项工作，就应坚持不懈地做下去，直接获得令人满意的结果，不干则已，干则一次把事情做到最好，否则返工将会使你所花费的时间成倍增长。行百里者半九十时，能否完成最后10%的工作，是决定一件事情最终成功还是失败的关键。许多人之所以没有成功，就是因为在完成90%的工作后以为大功告成而转移了视线，最终导致工作的半途而废，也使宝贵的时间被白白浪费。

6. 时间与效率法则

时间越充裕，做事的效率就越低；时间越紧，做事的效率就越高。

这条法则带给我们的启示就是，把工作或事情尽量限定在较短的时间内。

总的来说，时间管理既是科学，又是艺术，要想使你的工作、学习更富有效率，在了解和掌握了以上原理的基础上，还需要在实践中多体会、多总结，只有这样，你才能成为时间的主人。

三、动手写出你的时间计划

人生犹如一张大的时间表，每个人都应当根据自己的总体目标，对时间作出总体安排。在学习了前文这么多有关时间管理的法则之后，还等什么，让我们亲身实践，马上动手写出自己的时间计划吧。

让我们在一张白纸上画出一棵树。树根、树干、树枝、树叶，在树根处写上你认为最重要的价值，在树干处写上你的目标，在几个主枝中写上你的主要任务，在叶子和细枝旁写上各种次要任务，完成这幅图。

你可以按照下面的步骤进行：

1. 树根。写上你认为最重要的价值。如果你对这一点比较模糊，不能清楚地说出自己最想要的是什么，请试一试这个办法——

重新拿一张纸，写下所有想要的东西，如学习、事业、健康、旅行、游戏、运动、自由…… 写完之后，划去你认为最不重要的一项，再在剩下的项目中划去一个最不重要的，一直划下去，直到只剩下一项，它就是你最重视的东西。

2. 树干。写上你的人生目标。注意，你的人生目标应与你的价值观是一致的，如果不一致，那你就要问一下自己，你写下的树根确实是你最珍视的东西吗？或者，你写下的人生目标真的是你最大的希望吗？

3. 主枝。写上几个主要任务。这些主要任务应是直接为你的目标服务的，实现这些任务有助于达到目标。如果不是这样，请思考是否有必要在这个任务上面投入时间和精力。

4. 树叶。写上次要任务。有些次要任务是实现主要任务的手段，有些次要任务用来维持现在的生活。次要任务是不可缺少的，没有树叶的树无法生长，但它们不应占据你的主要精力。

进行时间管理的时候，这幅图就是一个重要的参考。

面对各式各样纷繁复杂的目标和任务，如何才能迅速准确地判断它们对你有多重要，从而对它们进行选择和排序呢？按不同的标准，任务可以分为紧急任务和重要任务、维持任务和发展任务，在此基础上，你就能快速而准确地分辨出哪些是主要任务，哪些是次要任务了。

紧急任务指如果不能按期完成，它对你或别人的价值会减少甚至消失；重要任务指如果它成功地完成，你或别人将取得很大的收益。带来的收益越高，这项任务的重要程度越高。

紧急任务和重要任务有4种不同的组合。①紧急并且重要的任务：这些任务应具有最高的优先级，应该从现在就开始做。②紧急但不重要的任务：这些任务现在需要时间，但优先级比紧急且重要的任务要低。③重要但不紧急的任务：它们的优先级不是最高的，但应该在你的时间表中占重要位置。④既不紧急又不重要的任务：这时候你需要考虑一下，自己真的需要做这些事情吗？

发展任务和维持任务与紧急任务和重要任务是两种不同的分类。

发展任务指如果成功完成此项任务，你现在的情况会得到改善。例如，你的学习成绩将取得很大的进步。而维持任务指完成这些任务可维持你现在的情况。例如你每天都需要花一定的时间在工作或者上学的路上。

相对于维持任务来说，发展任务通常是由目标衍生出来的，它具有一定的挑战性，需要你多些考虑才加以实行。了解了你所树立的目标之后，按照事情的重要等级排排序，你就可以动手开始制定你的时间计划了！

首先，你把一天的时间分为几块，如上学或者上班的时间、吃饭的时间、休息娱乐的时间、睡觉的时间。然后再具体地划分每一块时间。时间表是帮助你安排时间、达到目标的工具。不要把表格写成做不到的愿望列表，那样只会使你被自己不切实际的计划挫败并失去信心。因此在写时间表时，要现实一点。

时间表可以参照每日时间计划表的格式：

每日时间计划表

时间	星期一	星期二	星期三	星期四	星期五	星期六	星期日
7：00							
8：00							
9：00							

（续表）

时间	星期一	星期二	星期三	星期四	星期五	星期六	星期日
10：00							
11：00							
12：00							
13：00							
14：00							
15：00							
16：00							
17：00							
18：00							
19：00							
20：00							
21：00							
22：00							
23：00							

编写好这个时间表之后，一定要考虑好优先和重点需要去投入时间和精力的任务，而且要问一下自己会高兴地执行相应的计划吗，热情和兴趣在执行任务的过程中将起到非常大的作用，在这个时间表当中，也许某些时间段的安排是烦琐和重复的，可能会引起你的逆反心理，每次执行的时候你就要想一下本节开头所画的那棵树的树根，你要能想到这项任务的执行对于实现你本人的终极目标将起到促进的作用，所以一定要坚持下去。

看到这样规整的表格，很多人认为它们夺走了自己的自由。

因为按照日程表行事的确会降低一定的灵活性，但如果认为日程表把人变成奴隶，那就大错特错了——这种错误源于对自由的误解。

首先，人们提到自由时，往往指的是选择的自由。我们按自己的意愿，做这件事，而不做那件事。反过来讲，一个自由的人不会被迫做出违背意愿的事情。这是一种消极的自由。还有一种自由，是实现自己、控制自己行为的自由。它是一种积极的自由，因为它通向人的目标。它可以表达为"自由的意愿"，这是更加高级的自由，也就是"成为自己想要成为的人"的自由。

不过，如果只是肤浅地理解这种自由，很可能会认为它和第一种自由是相对的，甚至无自由可言。导致这种想法产生的原因是，现实生活中，为了实现更远大的目标，我们常常需要放弃当前的欲望。例如，在阳光明媚的星期天上午，你也许很想出去好好地玩一场，不去参加补习班。从第一种意义上来说，你当然可以自由选择是否出去玩。但是，不上课很可能会导致你考试不合格，或者学不到该学的东西。学习能使人获得更大的自由，新知识可以使人更好地完成人生的目标。

因此，我们不要把自己限制在"自由"狭窄的定义内："自由就是想做什么就做什么"。而应把自由看成"完成自己设定的人生目标的能力"。如果不约束和控制自己的行为，使之符合目标，我们就无法达到人生的目标。正是因为如此，日程表非常重要：它使我们能有计划地运用时间，以达到自己最终的目的，实现更高层次的自由。

但是从另外一个角度说，世界上并没有一个通用的时间管理方法，就像买衣服一样，我们得根据自己的特点进行选择。不同的人需要采用不同的时间管理方法，有时甚至得自己创造出新方法来。有的人喜欢列出详细的清单，把时间精确地划分为一小块一小块，严格地按日程表行动，就像上文列出的时间表那样；有的人则相反，喜欢把握整体，形象地思考问题，抗拒"机械的"日程表，传统的时间管理方法只会使他们感到不舒服。对于后一种人而言，他们只愿把事情简单地排序，然后设定最后期限，而不愿把它们分割成小块，填入时间表。

因此呢，在制定自己的时间表时也需要加以灵活地考虑和执行。一般来说，时间表在实际执行时，事情总会发生这样或那样的变化，使你不得不偏离定好的计划，如果时间表定得过于精确，反而会失去机动性和实用性。

需要注意的是，在设计好这个计划表后，应该每隔一段时间评估一次。每两个星期，重新审视一遍这份表格，看它起了多大作用，是否订得过高或过低，可以怎样改进它，并且进行必要的修改。如果你以前从未好好计划过你的时间，从头开始会有点困难。不过，时间管理和其他事情一样，你做得越多，就会做得越好。在你坚持一个月以后就会渐渐养成逐日管理时间的习惯，并看到它的效果，增强信心。

如果条件允许的话，也可以用一整天的时间观察你自己，尽可能详细地记录所做的事情、起止时间、效率和自己的感受。在这个过程中一定要找出并记住以下几点：

1. 你通常用哪些方式浪费时间？

2. 你在什么情况下效率最高？

3. 你效率最佳的时间是什么时候？

通过对这些细节的关注和总结，不断反思和纠正自己的任务安排，坚持一段时间以后，你一定会在时间管理方面有一个大的飞跃！

介绍了这么多关于时间计划的内容之后，我们就以学习时间为例，来作一个具体的说明。我们知道，学习时间的安排是大多数青少年需要掌握的方面，譬如在开学的时候，经过了一个假期的放松之后，面对有序、严格的校园生活，不懂得时间管理和规划的学生会产生盲目的心理。他们不知道在新学期中自己将面临怎样的学习内容、学习困难、学习目标，如果任由这种状态发展，那么新的学期很有可能在稀里糊涂中开学，在浑浑噩噩中度日，在莫名其妙中结束。为了避免这种被动学习状态的出现，制定一份详细而可行的学期计划非常重要。学期计划不仅包括学习计划，还包括个性发展、兴趣特长等内容，让自己在德智体美劳等多个方面充满期待和希望。

学习计划需要有 2 种，一种是长期的，一种是短期的。长期计划是自己在未来某个阶段要达到的目标，学习目标是学生的努力方向，正确的学习目标能催人奋进，从而产生为实现这一目标去奋斗的力量。没有学习目标，就像漫步在街头不知走向何处的流浪汉一样，是对学习时光的极大浪费。短期计划就是为了实现这个目标而采取的具体行动步骤，一定要制定得详细具体，可操

作性强，并在这一阶段严格执行，待实现了目标后，再重新制定一套更高起点和标准的计划，这样"积跬步而行千里"，最终获得总的胜利。

先来说说长期的学习计划，相当于本节一开始的时候提到的那棵"树"，是一个长期目标的实现计划。对于学生来说，这棵树的"树干"即学习目标无疑是让自己的成绩得到很好的提高，在新学期里学习到更多的知识，丰富自己。

有位上了高中的同学在开学前给自己制定了这样一份学期计划：

1. 在新学期中，针对自己的缺差科目，加紧提高，注重文理两手一起抓。文科学习注重积累和背诵。

如语文，需要增加对古文的学习，学会积累难字，古今异义的生僻字等；针对写作，平日里可加强训练短篇小作文练习，联系生活积累素材与好词好段；英语要训练口语，阅读时大声读出，并增加阅读量，积累生词。

理科学习重视理解，在课堂上认真听讲，思维跟着老师转，尽力领悟同一题型的奥秘，懂得"万变不离其宗"之理，开拓思维，让理科学得"活"起来。学会归纳总结，举一反三，平时多加练习，活学活用。

2. 积极参加学校活动，发挥自己的特长，主动承担或帮助同学完成工作，为班级贡献一份力量。

3. 在业余时间中要学会拓展视野，培养更多兴趣爱好，丰富知识，提高自身修养。培养自理能力，养成自主、独立的个性。

4. 合理安排时间，在空余时间多进行体育运动，提高身体素质，注意劳逸结合。利用各种机会锻炼自己，加强社交能力的培养。

从这位同学的新学期计划中，我们可以看到，她不仅在学习上，而且在个性发展、能力培养上都有自己努力追求的目标，在时间和精力上都有明确的计划，充分体现了具体性、针对性、操作性。我们相信，一个有目标的人，一定是一个充实的人。

再说说关于短期的学习目标，相当于上文提到的每日时间计划表。这个目标就需要制定得清晰而明确，一定要根据课程的进度和自身的情况来制定详细的每日学习计划。

有位同学想制定一份日常的学习计划来安排自己的学习时间，但他在一张很大的白纸上，只写了如下几行标题式的大字：

第一行：我要努力学习，取得优异的成绩。

第二行：每天早上早早起床，复习功课。

第三行：晚上多看书，多做习题。

……

看到这里，相信大家一定看出了这个计划的问题出在哪里——如此一个计划，虽然有着"雄心壮志"，但是全是口号，过于空洞，太流于形式，不够具体，不具有可操作性。按照这样的计划来安排学习，难以达到好的效果。

让我们再看另外一个同学为自己制订的计划：

早上5点：起床，背英语课文。

6点：背化学元素周期表。

7 点：上学。

7 点半：早自习，做十道习题。

上午：认真听老师讲课。

课间操：背十个英语单词。

中午：做一套数学模拟题。

下午：认真听老师讲课。

下午自习：做作业。

晚上 7 点半：复习一天的功课。

晚上 8 点半：做一套物理习题。

晚上 9 点半：做十道课外习题。

晚上 10 点半：写日记，或者写一篇习作。

晚上 11 点半：睡前再背十个英语单词。

晚上 12 点：睡觉。

乍看这份"详细"的时间计划，一定会觉得这名学生很用功、很会学习，可是，如果再仔细看一下，就会发现问题的所在——他几乎把自己所有的时间都安排满了，无论是早上、课间操、午休，还是整个晚上的时间。每天给自己安排的睡眠时间只有 5 个小时，对于这样的一份计划，又有多少内容能够实现呢？

可见，制订计划一定要科学合理，具有可行性，切勿死板。学习本来就是灵活机动的事情，如果把每一分、每一秒该学什么都规定得很死，这样的学习就太累了，要根据自己的学习特点，制订一份适用的学习计划。怎样才能叫做"适用"呢？第一要看自己的学习基础。基础好就要拓宽加深提高，基础差就要查漏补缺巩固基础。第二是自己的接受能力。能做到什么程度就订到什么程度，任务不能太多，要求不可太高，应做到量力而行。第三是时间的实际。每个阶段，能提供自由学习的时间有多少，应量力而行。第四还要把个人学习计划和老师的教学计划结合起来。一般说来，个人的学习计划既包括常规学习活动，即完成当天老师布置的学习任务，消化当天所学的知识；又包括自己安排的学习活动，即根据自己的特点，或补课还债，或提高深造。个人的学习计划不宜离开教师的教学进度另搞一套。即使是自己安排的学习活动，最好也要和老师当时教的内容相关。这样才能消化旧知识，吸收新知识。

制订学习计划有"三忌"，一定要注意：一是忌拖，因此不要计划得太满，留一点自由支配的时间可避免拖拉引起的恶性连锁反应；二是忌僵，学习计划可以随时调整；三是忌荒，学习计划必须长久地坚持下去。

我们再举另外一位同学的例子，他一天的安排则要轻松许多。

早上：起床吃饭后就去学校（在教室里读外语的效果要比在家中好得多），在学校抓紧课堂上的时间认真听讲。

课间：尽量走出教室活动活动，放松神经。

中午：睡1个小时左右，这样可以保证下午的学习效果。

下午自习课：尽量去完成一些如作业、练习题之类的功课（在自习课上看书、复习的效率并不高）。

晚上：虽然时间很充裕，但也应尽可能地早早进入学习状

态，先完成作业，然后用 1～2 个小时做一些与当天所学内容有关的练习，作为复习和巩固。如果还有时间，就进行查漏补缺的工作，针对自己的薄弱环节，进行强化训练。

10 点半之前：一定要睡觉。

这份计划看起来学习时间并不是排得很紧，但却很好地和这位同学的实际情况结合在一起，取得了很好的效果。事实上，他的成绩在班里一直名列前茅。

值得注意的是，计划的具体内容和实施步骤是在学习之前拟定的，毕竟是设想，还不是现实。要想把计划变成现实，还要经过一段时间的努力，在这个过程中，自己的思想可能会发生某些变化，而学习计划订得再实际，也难免会出现估计不到的情况。例如，某个阶段有的学科难度大，作业多，这样计划中的学习任务就可能完不成。再如，有时集体活动比计划的多了，占用了较多的学习时间，这也会影响学习计划的实施。所以为了保持计划的实现，学习计划不要订得太满、太死、太紧，要留有机动时间。目标也不要订得太高，否则在实施过程中受到冲击时，会因为没有办法调整而使计划落空。时间长了，就会对制订计划的必要性产生怀疑而不订计划了，成为无计划行事了。

计划订好之后，要贴在显眼的地方，经常对照，检查自己的执行情况。如果完成任务轻松，余地较大，可以考虑进度加快一点。如果没有按计划完成任务，要分析是什么原因，对症下药，采取措施。必要时可调整计划，降低标准，减慢速度，使计划切实可行，为学习服务。

四、你是云雀还是猫头鹰

在本章的第二节我们提到了时间管理方面的一个非常重要的"80/20 法则"，即80%的收获来自20%的时间。这就要求我们充分认识自己的生物钟，因为在不同的时间里，人的体力、情绪和智力状态是不一样的，也就是说，时间利用的实际效果可能是不一样的，把重要、最紧张的事情放在生理功能旺盛、精力充沛的时段进行，这样能收到事半功倍的效果。

科学家已证实，人体内存有体力、情绪和智力的 3 种不同周期。每个周期控制着各自的机能水平，如智力周期控制着人的学习能力、记忆能力和逻辑思维能力，以 33 天为一周期。人的体力大约 23 天为一个周期，人的情绪大约 28 天为一个周期。每个周期中，又区分为高潮期、低潮期和临界期（高潮期和低潮期两段起始的 0 线）。高潮期也就是最佳时间。人的智力周期的高潮期，脑子清楚，逻辑思维能力强，工作效率高；低潮期反应较迟缓，临界期就更差。

一周之中，由于长期的双休制，也形成了智力周期。星期一和星期五临近休息日，智力机能有下降趋势。

在一天中，人的智力也是存在周期的。由于每个人在一天当中的体内新陈代谢状况和大脑机能状况不同，其最佳时间也就因人而异了。有的人是白天型的，早睡早起，一觉醒来，精力充沛，大脑活跃，就像每天清晨都会唱着小曲儿从巢里探出头来的云雀一样，微笑着跟邻居打招呼，以充沛的精力迎接即将升起的太阳。而有的人则是晚上型的，一般早上状态不佳，到了下午逐渐精神起来，夜幕降临时，脑细胞随之转入兴奋状态，精力专注，尤其到了夜深人静时，大脑异常活跃，学习效率很高。这就有点像猫头鹰，白天的时候翅膀一直是沉甸甸的，怎么抬都抬不起来；眼睛迷迷糊糊，怎么睁都睁不开。可一到万籁俱寂的深夜，这些瞌睡虫反而精神抖擞。还有的人是混合型的，容易适应生活环境和作息制度，不管任何时候，只要经过充分休息后，就可以达到最佳状态。

其实，人体可以说是一个神奇的"小宇宙"，科学家们经过研究发现，人们的身体在一天 24 小时内，有其自身的生理活动规律，掌握和利用好这个规律就能科学地利用好时间。我们可以通过人体状态与时间对应表来了解一下关于人体生物钟的奥秘：

人体状态与时间对应表

时间	人体所处的状态
1 点	人已处于轻微睡眠状态，此时易感到疾病的存在
2 点	除肝脏外，大部分器官基本停止工作，肝脏充分利用这段空闲时间紧张地工作，为人体排除毒素，此时千万不能喝咖啡或茶，特别是酒精类饮料，最好喝水和牛奶
3 点	肌体处于休息状态，体力几乎完全丧失，此时的血压、脉搏和呼吸处于最弱状态

（续表）

时间	人体所处的状态
4点	呼吸微弱，大脑供血量最少，肌体处于最微弱的循环状态，此时，人最容易死亡，但此时人的听力很敏锐
5点	肾脏不分泌任何物质，我们已经经历了几次梦的过程，此时起床能很快进入精神饱满状态
6点	血压上升，心跳加快，即使我们想睡觉，此时肌体也已经苏醒
7点	人体免疫力特别强，此时受到细菌或病毒的感染，人体能够轻易战胜它们
8点	肌体休息完毕，肝脏已将身体毒素排出，这时千万不能喝酒
9点	兴致高，病痛减弱，心脏全力工作
10点	人体处于最佳状态，热情将一直持续到午时，任何工作都能够胜任
11点	心脏有节奏地继续工作，并与我们的积极心理保持一致，此时几乎感觉不到大的工作压力
12点	人的全部精力被调动起来，此时不应吃大量食物，最好晚一小时吃饭
13点	肝脏休息，白天第一阶段的兴奋期已过，我们感觉有些疲劳，最好适当休息一下
14点	精力消退，此时是24小时周期中第二个低潮阶段，反应迟缓
15点	感觉器官尤其敏感，特别是嗅觉和味觉，之后，人体重新走入正轨
16点	血液中糖的含量上升，一些医生把这一期过程称为"饭后糖尿病"，但这不是病，兴奋期过后开始衰退
17点	效率仍很高，运动员应加倍努力训练

（续表）

时间	人体所处的状态
18 点	人体疼痛感减弱，想多运动愿望上升，心理稳定性降到了极点
19 点	血压上升，兴奋性逐渐下降
20 点	人体重量最大，反应出奇的敏捷
21 点	精神状态一般，此时记忆力好
22 点	血液中充满白血球，白血球的数量增加一倍，体温开始下降
23 点	人体准备休息，细胞修复工作开始
24 点	如果我们此时休息，那么无论是肌体还是大脑都将排除一切干扰，很快进入梦乡

了解了这些之后，相信你会对自己生物钟有一个更加详细的了解，也可以根据实际情况制订出更好的时间计划，把时间的利用效率充分提高到一个新的台阶！

另外根据科学家的研究，在一天 24 小时之内，人的大脑有四次"黄金时刻"：第一次是早上 4—6 点，这时大脑最清醒、记忆力最好，因为大脑经过了一夜的休息，认识事物的印象清晰，比较适宜学习一些难记的知识，可以说是学习的最佳时刻；上午 9—11 点，大脑由"抑"转"扬"，注意力集中，记忆力好，大脑思考能力严谨而周密，是攻克难题的好时机联想能力强，是学习的第二个黄金时刻；下午 5 点到晚上 7 点，各种感觉器官的灵敏度达到最好状态，脑力、体力、耐力又进入一个高峰时期，利用这段时间复习一天所学的知识，可以加深印象，这是一天中的第三个黄金时刻；晚饭之后，从晚上 8—9 点，脑力又再次处于活跃时期，是一天中第四个黄金时刻，可以从事各种学习和创造活动，同时复习总结比较难记的东西不容易发生遗忘。

根据自己的生物钟情况，在学习和工作的过程中，人的精神状态和注意力会发生变化。一般来说，存在 3 种变化模式：先高后低；中间高两头低；先低后高。每个人可以根据自己的模式，安排学习和工作内容，确保状态最佳时间段里完成最重要的内容。

在制订学习计划的时候，可以根据生理节律的变化来安排学习时间，找准自己的黄金时刻，定计划时把较深、较难的学习任务放在这段时间完成，会有助于提高学习效果。当生物钟处于高潮期时，可以适当地增加任务量，复习有难度的功课；当处于低谷期时，可以适当地减少任务量，做一些简单的功课，还要多休息。

卢梭

18 世纪法国最杰出的思想家卢梭在他的自传中写道："应当承认，我本不是一个生来适于研究的人，因为我用功时间稍长一点就感到疲倦，甚至我不能一连半小时集中精力于一个问题上，尤其是在顺着别人的思路思考时更是这样——如果我必读一位作家的著作，刚读几页，我的精神就会涣散，并且立即陷入迷茫状态。即使我坚持下去，也是白费，结果是头昏眼花，什么也看不懂了。但是我连续研究几个不同的问题，即使毫不间断，我也能

轻松愉快地一个一个地寻思下去。这一问题可以消除另一问题所带来的疲劳，用不着休息一下脑筋。于是我就在我的计划中充分利用我所发现的这一特点，对一些问题交替进行研究，这样，即使我整天用功也不觉得疲倦。"因为学习是由大脑的不同部位支配的，变换学习的方式和内容可以使大脑皮层的某个部位由抑制状态转为兴奋状态，从而解除神经细胞的疲劳，使大脑得到休息。

在学习的过程中，一门功课学习时间 1～2 小时为宜，换学另一门功课时，中间最好休息 5～15 分钟，这样可以使大脑得到适当休息，从而提高学习效率。

一般来说，人在心境不好或大脑不太兴奋时，用来学习比较复杂或不感兴趣的内容，往往难以进入状态，学习效率较低。这时候可以采取先从比较容易的科目、自己比较感兴趣的内容做起，等经过一段时间，心境大脑状态好转后，再转学较难的不太感兴趣的内容。相反，如果开始时，心境大脑状态都比较好，则应先复习较难的不太感兴趣的内容，然后，再复习较容易的、有趣的内容，正可谓因境而学。

虽然"生物钟"对我们的学习和工作有一定的影响，但对于自律能力强、目光远大的人来说，他们完全可以靠顽强的毅力来控制身体的不适。体育比赛中有一些优秀的运动员，即使在身体不适、时差很大的情况下也能够取得优异的成绩，就是因为他们顽强的意志在这里起了决定性的作用。而那些意志不坚强、情绪不稳定的人，就会更容易受"生物钟"的影响。

链接

生物钟又称生理钟，它是生物体内的一种无形的"时钟"，实际上是生物体生命活动的内在节律性，它是由生物体内的时间结构序所决定的。合理地利用生物钟，掌握最佳学习时间，能有效提高工作效率和学习效率。

关于生物钟还有那些奇妙的所在呢？我们可以下面的这篇科普文章来了解一下。

人体奇妙的生物钟

时间生物学：拨动人体生物钟

文/邓爱华

有趣的生物钟现象

许多生物都存在着有趣的生物钟现象。例如，在南美洲的危地马拉有一种第纳鸟，它每过30分钟就会"叽叽喳喳"地叫上一阵子，而且误差只有15秒，因此那里的居民就用它们的叫声来推算时间，称为"鸟钟"；在非洲的密林里有一种报时虫，它每过一小时就变换一种颜色，在那里生活的家家户户就把这种小虫捉回家，看它变色以推算时间，称为"虫钟"。

在植物中也有类似的例子。在南非有一种大叶树，它的叶子每隔2小时就翻动一次，因此当地居民称其为"活树钟"；在南美洲的阿根廷，有一种野花能报时，每到初夏晚上8点左右便纷纷开放，被称为"花钟"。

不仅如此，微小的细菌也知道时间。据美国的《自然》杂志介绍，某些单细胞生物体内不仅存在生物钟，而且这些生物钟十分精确。

人体内的"隐性时钟"

万物之灵的人类，同样受着生命节律的支配。什么是人体生物钟？有人把人体内的生物节律形象地比喻为"隐性时钟"。科学家研究证实，每个人从他诞生之日直至生命终结，体内都存在着多种自然节律，如体力、智力、情绪、血压、经期等，人们将这些自然节律称作生物节律或生命节奏等。人体内存在一种决定人们睡眠和觉醒的生物种，生物钟根据大脑的指令，调节全身各种器官以24小时为周期发挥作用。

早在19世纪末，科学家就注意到了生物体具有"生命节律"的现象。上世纪初，德国内科医生威尔赫姆·弗里斯和一位奥地利心理学家赫尔曼·斯瓦波达，他们通过长期的临床观察，揭开了其中的奥秘。原来，在病人的病症、情感以及行为的起伏中，存在着一个以23天为周期的体力盛衰和以28天为周期的情绪波动。大约过了20年，奥地利因斯布鲁大学的阿尔弗雷特·泰尔其尔教授，在研究了数百名高中和大学学生的考试成绩后，发现人的智力是以33天为波动周期的。于是，科学家们将体力、情绪与智力盛衰起伏的周期性节奏，绘制出了3条波浪形的人体生物节律曲线图，被形象地喻为一曲优美的生命重奏。到了20世纪中叶，生物学家又根据生物体存在周期性循环节律活动的事实，创造了"生物钟"一词。

生物钟：人的第三只眼

生物钟的位置到底在何处？传统的观点认为，生物钟应该存在于大脑中，但对于具体位置的说法却又各不相同。有人认为，生物钟的确切位置在下丘脑前端，视交叉上核内，该核通过视网膜感受外界的光与暗，使之和体内的时钟保持同一节奏。也有人认为，生物钟现象与体内的褪黑素有密切的关系，由于褪黑素是由松果腺所分泌，因此生物钟也应该位于松果体上。

后来产生了外界信息所导致的外源说、生物体内在因素决定的内源说和生物体与环境相互作用的综合说等。

外源说认为，某些复杂的宇宙信息是控制生命节律现象的动因。美国学者弗兰克布朗博士认为，人类对广泛的外界信息，如电场变化、地磁变化、重力场变化、宇宙射线、其他行星运动周期、光的变化、月球引力等极为敏感，这些变化的周期性，引起了人的生命节律的周期性。

内源说认为，生命节律是由人体自身内在的因素决定的。对夜间活动的仓鼠的试验表明，在外界条件变化的情况下，如在与地球自转方向相反的条件下，仍然有相似的节律。人在恒温和与外界隔绝的地下，也表现出近似于 24 小时的节律，因此，人的生命节律是由人自身的因素造成的。

综合说是人体与环境相互作用的理论。

12 个生物钟基因：揭开生物钟神秘面纱

据专家介绍，人类已经发现了 12 个与生物钟相关的基因，生物钟不但影响人的身心健康，而且可以在治疗疾病中发挥重要

的作用。

20世纪80年代，由于分子生物学的发展，生物钟的研究取得了突破性的进展。1971年英国科学家在其研究的果蝇中发现了一只特殊果蝇，它的生物钟只有21小时。科学家花了14年时间，直到1985年才找到了引起这个果蝇生物钟异常的基因。这就是人类第一次发现与生物钟相关的基因，这个基因被命名为period——"周期"。科学家一直试图克隆该基因在其他物种身上，尤其是哺乳动物的类似基因，但一直未能成功。1997年《细胞》杂志上发表了一篇论文，科学家通过对上万只实验鼠的研究，发现了一只实验鼠的生物钟周期是27小时，并定位克隆了这个核酸发生变异的基因，命名为"时钟"基因—ClockGene。

与此同时，孙中生博士等为了克隆乳腺癌基因，对17号染色体基因进行大规模的筛选。他们发现，其中有一个基因与果蝇的生物钟基因"周期"呈现一定的序列类似性，因此假设该基因是果蝇"周期"在哺乳动物中具有同等功能的类似基因。通过动物实验，他们发现"周期"基因有24小时表达节律，同时该基因的表达能随光周期的改变而变化。这一发现因揭示了生物钟的分子生物学基础，被《科学》杂志评为当年10大科技突破之一。

近年，国际上对时间生物学研究十分重视，提出了时间病理学、时间药理学和时间治疗学等概念，生物节律已成为研究临床、预防及基础医学的一个重要学科。中科院计划在我国建立一个具有国际水平的时间生物学研究基地，推广时间生物学在我国医学临床的应用。

五、行动胜过口号

时间管理的好与否，关键在于自己能否养成一个好的习惯，这个习惯简单地来说就是计划、思考和总结。上一节所提到的时间表，就是帮助我们来养成管理时间的好习惯的。俗话说"磨刀不误砍柴工"，每天花一点的时间，反思总结出哪些是做得好的，哪些地方做得还不够，需要改进，如何改进，只要这样天天坚持下去，就会收到良好的效果。不管做什么事情，自己时刻都要有一个时间观念和计划观念，不停地提醒和鞭策自己。

画家黄永玉曾经讲过这样一个寓言故事：螃蟹、猫头鹰和蝙蝠去上恶习补习班。数年过后，它们都顺利毕业并获得博士学位。不过，螃蟹仍横行，猫头鹰仍白天睡觉晚上活动，蝙蝠仍倒悬。这个故事很简单，但是它却阐明了一个非常重要的寓意：行动才是最重要的，如果不去身体力行的话，那么所有的思考和总结都只是一纸空谈。任何计划的关键终究在于落实。三天打鱼两天晒网，是不可能形成一个好习惯的。纸上谈兵，不仅不会节约时间，反而造成一种浪费。

制订计划之后，关键要落实计划，要有行动的决心。把计划表抄在笔记本扉页，或者贴在床头正是为了时时刻刻提醒和约束自己，付诸实践。相信大家都听过寒号鸟的故事，希望大家在制订好计划后不要犯寒号鸟的错误。

有一则寓言故事，故事的主角是一种叫寒号鸟的动物。这是一种与鸟不同的动物，它长着四只脚，两只光秃秃的肉翅膀，不会像一般的鸟那样飞行。

夏天的时候，寒号鸟全身长满了绚丽的羽毛，样子十分美丽。寒号鸟骄傲得不得了，觉得自己是天底下最漂亮的动物了，连凤凰也不能同自己相比。于是它整天摇晃着羽毛，到处走来走去，还洋洋得意地唱着："凤凰不如我！凤凰不如我！"

夏天过去了，秋天到来，鸟们都各自忙开了，它们有的开始结伴飞到南边，准备在那里度过温暖的冬天；有的留下来，就整天辛勤忙碌，积聚食物，修理窝巢，做好过冬的准备工作。只有寒号鸟，既没有飞到南方去的本领，又不愿辛勤劳动，仍然是整日东游西荡的，还在一个劲地到处炫耀自己身上漂亮的羽毛。

冬天终于来了，天气寒冷极了，鸟儿们都归到自己温暖的窝巢里。这时的寒号鸟，身上漂亮的羽毛都脱落光了。夜间，它躲在石缝里，冻得浑身直哆嗦，它不停地叫着："好冷啊，好冷啊，等到天亮了就造个窝啊！"等到天亮后，太阳出来了，温暖的阳光一照，寒号鸟又忘记了夜晚的寒冷，于是它又不停地唱着："哆啰啰，哆啰啰，寒风冻死我，明天就垒窝！"

书法作品《明日歌》

做事拖拉的同学总是习惯性地把（不愉快或成为负担的）学习任务推迟到将来做，他们一般花许多时间思考要完成的学习科目的题，担心这个，担心那个，一会儿给自己找借口推迟行动，一会儿又为没有完成任务而悔恨。如果不是因为这样，他们本来能完成任务，而且应转入下一项学习活动了。

在制订计划后，很多人不能马上付诸实践，而是用"今天就这样吧，明天再开始努力"之类的理由来搪塞，如果我们一生做事都要等待明天，那么一切事情就会错过机会。古人早就看到了这一点，清代文人钱鹤滩用通俗流畅的语言向我们传达了这样的信息，人的生命只有一次，时间永不回头，珍惜时间，勿虚度年华，莫荒废光阴。

明日歌

[清] 钱鹤滩

明日复明日，

明日何其多！

我生待明日，

万事成蹉跎。

世人苦被明日累，

春去秋来老将至。

朝看水东流，

暮看日西坠。

百年明日能几何？

请君听我《明日歌》。

明日歌

作词：钱鹤滩
作曲：阎 勇

1=C 2/4

6. 5 | 6 i | 5- | 5- | 6. 5 | 3 5 | 2- | 2- | 3. 5 | 6 5 | 3- | 3- | 6. i |
明日 复明日， 明日 何其 多. 我 生 待明 日， 万事

2 i | 5- | 5- | i. 7 | 6 5 | 6 5 6 | 1- | 6 5 i 7 | 3 5 | 6- | 6- | 6. 5 |
成蹉 跎. 世人 若被 明日 累，春去秋来 老将 至. 朝看

3 5 6 5 | 6- | 6- | 6. i | 2 i 2 3 | 2- | 2- | i. 2 | 3 2 | 2 3 5 6 | i- |
水东 流， 暮看 日西 坠. 百年 明日 能 几 何？

6 i 2 5 | 2 i | 6- | 6- ‖
诸君听我 明日 歌.

《明日歌》被谱成歌曲，广为传唱

与之《明日歌》相对照的，还有一首《今日诗》，其作者是我国明代画家文嘉。既然"我生待明日，万事成蹉跎"，那么一切就应该从现在做起，制订好了计划就应该付诸行动，马上执行，这样才能在时间的流逝里收获到实实在在的成就，让我们就像诗歌里所写的那样，从现在开始把一切行动和计划都努力地付诸实践吧！

今日歌

[明] 文嘉

今日复今日，

今日何其少！

今日又不为，

此事何时了。

人生百年几今日，

今日不为真可惜。

若言始待明朝至，

明朝又有明朝事。

为君聊赋《今日诗》，

努力请从今日始。

六、休息，休息一下！

古人云：一张一弛，文武之道。现在也有句话，叫"不会休息就不会工作"。如果不懂得休息，学习和工作中的疲劳不能恢复，心理的压力不能缓解，思想的包袱不能放下，身体的疾病得不到诊疗。久而久之，学习成为一种负担，工作成为一种痛苦，追求变成海市蜃楼，事业变成摧残人的恶魔，最终会造成非常消极的结果。

一文一武　张弛有度

的确，目标应该坚持不懈，追求永无止境。但人生更需要通过休息来保持前进的动力。休息就像拉力赛中的检修，就像 NBA 中的拉拉队表演，就像世界杯中的中场休息。它是暂停，而不是停止；它不是甘拜下风，而是前进中的一种形式。真正的休息是为了拼搏进取的休息。游手好闲、东游西逛、得过且过，这不是我们所提倡的乐趣，这样的"休息"也是没有意义的。只有为进取所作的休息才具有意义，忙里偷闲在前进的道路上可谓一种乐趣。休息如同在攀登高山时停下来倒掉鞋子中的沙砾，再打个比方，就如在浩瀚的大海中航行时，抛下锚补充淡水等各种给养。

这种休息是冲锋前的宁静，是春暖花开前种子的蛰伏。

在学习中，最忌的就是"死读书"。所谓"死读书"，就是一门心思扎到书堆里面，为了学习而学习，不分白天黑夜，把自己学得头昏脑涨，还以为只有这样学习才能得到"丰厚"的回报。

其实，不分昼夜地苦读，强制自己在疲劳的情况下坚持学习，就会出现疲劳过度、注意力不集中、记忆力和思考能力下降、大脑反应迟钝等情况，导致学习效率下降。时间长了，还会出现颈、肩的酸痛不适等生理症状。因此，切忌盲目苦读，要劳逸结合，留有一定的放松时间。在安排计划时，不要长时间地从事单一活动，学习和体育活动要交替安排。美国儿科学会《儿科》月刊刊登研究报告发现，充足的课间休息有助于提高小学生综合素质，每天课间休息时间多于 15 分钟的学生与不足 15 分钟的学生相比，前者在校表现更好。学生可利用课间休息时段参与体育活动、学习如何与人打交道、培养创造性和想象力，收获一些无法从课堂上学到的"真功夫"。研究人员建议学校设置每天不少于一次、每次不少于 20 分钟的课间休息时间。校方还应鼓励学生多多参与体育锻炼，以预防肥胖。但美国当前教育体系下，不少小学设置的课间休息时间偏少，不利学生成长。

要知道，学会休息才是管理时间的高级阶段。只有得到彻底的放松，才能更好地集中注意力，投入到学习中去。

学会休息，首先从爱护大脑来开始。

只有大脑休息好了，整个人才会神采奕奕，身体各方面的机能才会更有效地调动起来，使得学习任务更有效地实现。学习累了，打开杯盖，喝上一杯清水，这个小小的动作对大脑是很有好处的。因为我们的大脑并不是直接挨着颅腔的，而是浸在脑脊液中，脑脊液会给大脑输送养分，并带走大脑排出的废物，保持大量的清水饮用量会给大脑营造一个清洁的生存环境。而当你专心学习一段时间后，或许会不自觉地打呵欠，这其实是在补充氧气。大脑的耗氧量占人体总耗氧量的20%，而人在做脑力劳动时却在使用浅呼吸，脑细胞在得不到充分的氧气还要拼命

多喝清水

活动的情况下很容易疲劳，这是许多人一开始集中精力就浑身乏力的原因之一。平时我们也可以有意识地做深呼吸来补充氧气。

人在微笑时会感到很轻松，思维特别清晰，而在发怒时会感到气闷，头晕脑涨，原因是人在轻松微笑的时候大脑会分泌出对身体有益的物质，而在郁闷发怒时则会分泌出毒素，大量的这种毒素会导致恶性肿瘤，也会杀死脑细胞，

保持微笑

还会降低人的黑发素，这是经常郁闷的人较易患癌症的原因，是经常发怒的人易患偏头痛和老年痴呆症的原因，也是愁闷在一夜间可使人头发全都变白的原因！

其次，学会休息，保证充足的睡眠也很重要。

前面我们曾经详细列举了人体生物钟一天 24 小时的运转规律，人的生理是有周期变化的，有高潮也有低谷。在精力充沛的时候应该高效地投入，而在大脑兴奋度逐渐降低的时候，也应该适当地让其休息一下。

许多学生不顾白天紧张学习的大量消耗，晚上还贪求灯下用功，家长看在眼里，以为学生是在用心学习，其实一直看书到深夜，不仅会因为过度疲劳而影响学习效果，还会因为睡眠不足而影响第二天的学习，第二天整天都会昏昏沉沉，效率低下。所以，一定要保证好每天八小时的睡眠，休

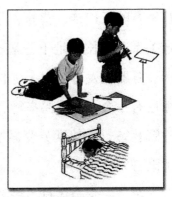

学习之余要保证睡眠充足

息好了，才能更好地利用第二天的时间。实验证明，人在 0：00—2：00 之间是新陈代谢最旺盛的时期，如果在这个时期人不能进入深层睡眠，那么肌体的疲劳和受损细胞就无法得到有效的修复和补充，人由浅睡进入深睡的时间大约为 1～2 个小时不等，所以，最佳的入睡时间在晚上 10 点左右，最迟不能超过 11 点。其余时间人基本是处于浅睡状态，无论睡多长时间，也无法弥补在最佳睡眠时间进入深睡状态。

人的大脑要思维清晰、反应灵敏，必须要有充足的睡眠，如果长期睡眠不足，大脑得不到充分的休息，就会影响大脑的创造性思维和处理事物的能力。一位生理学家研究连续两天彻夜未眠的人，发现他们在第一天晚上还可以作些创意思考，但到第二天

晚上，却连平日熟悉的事务也无法处理。这种精神上的疲倦是交通事故和工作意外的重要原因。据一些始终劳累过度的医生承认，由于疲倦，诊疗时很容易出错。

另外，睡眠还有助于促进生长。现代研究认为，青少年的生长发育除了遗传、营养、锻炼等因素外，还与生长素的分泌有一定关系。生长素是下丘脑分泌的一种激素，它能促进骨骼、肌肉、脏器的发育。由于生长素的分泌与睡眠密切相关，即在人熟睡后有一个大的分泌高峰，随后又有几个小的分泌高峰，而在非睡眠状态，生长素分泌减少。所以，青少年要发育好，长得高，睡眠必须充足。

第三，学会休息，需要尽量地去减少心理压力。

当今的时代竞争激烈，工作节奏运转飞快。学校里的学生受到来自家长、老师、学校的多重压力，稍微成绩不好了，就会受到责备，使他们整天在紧张焦虑的状态下度过。这样不仅直接影响到他们的心理状态，还会使他们的注意力下降，导致学习效率下降，对学习产生畏惧感。

一件事情结束了，不要老牵挂着，不然就不能享受当下的快乐了。有时一个人的承受能力超过了极限时，抓得太紧会适得其反。就像手里捧着一把沙，抓得越紧，流得越快。据一项医学统计，在失眠的病人中，85%以上是精神因素引起的。由于学习压力引起的情绪不好，或者是紧张会导致失眠。在精神因素解除后，睡眠即可改善。

所以，如果你的成绩偶尔有所下降，不要给自己太大的精神负担，而应该积极地面对，找出成绩下降的原因，早日改进。而不是在任何时刻，尤其在休闲的时间里依然紧绷着学习的弦，使自己的身心不能得到有效的放松。

第四，轻松愉悦的活动是很好的休息方法。

学习或者工作一定的时间之后，可以出去锻炼一会儿，再回来学习。锻炼的方式如散步、打球或轻微的体力劳动等，也可以与他人聊天。在室内也可以做一些简单的体育活动，比如身体前后弯曲，用力伸腿、伸臂；慢慢做几次头绕圈的动作；深吸气，然后慢慢地呼气；两手臂下垂，做几次抖手的动作；离开座位，走动走动等等。

积极向上、乐观、愉快的情绪能加速消除疲劳，因此在休息时间听一些优美的音乐，可以放松心情。音乐具有舒缓人心安抚情绪的作用，有没有音乐细胞都不重要。只要是一个有感情的人，都会被音乐感染。音乐是有记忆的，曾经开心或者悲伤时听的调子，在以后任何的机会听，都会不由自主地把你带到原来的记忆中。音乐中高低快慢的旋律和节拍所营造出的美妙情境，可以让人产生愉悦的感觉。在休息的时间里，可以选择那些平时喜欢的，能反复听上许多遍，越听越有味道的专辑，这样的音乐容易让你投入。另外，编织、缝纫或者拼拼图都是很好的休息方式。有专家指出，全身心地投入一种安静而不带竞争性的活动，能让你通过转移注意力而松弛下来。

学会主动休息

近年来，国外许多专家指出一种新的休息方式——主动休息。他们从大量的科学试验中证明，主动休息是迅速解除疲劳、恢复体力、提高效率的良好方法。

人们在从事工作、学习和其他活动中，往往习惯于感觉累了再休息，其实当你感到疲劳时，身体内产生的代谢废物如乳酸、二氧化碳、水分等已积蓄较多，身体内短时间不能完全消除这些代谢产物；相反，尚未感到累便主动休息，体内积蓄的代谢废物较少，稍作休息便可消除疲劳。主动休息有利于全身器官功能的充分发挥，增加机体免疫水平和抗病能力，保持旺盛的工作精力。

提倡主动休息、不是让人们抛开工作和学习而"冬眠"。主动休息要因人而异，没有一个固定的标准，关键是根据自己的实际情况做到"劳"与"养"两者适度平衡。主动作息方式多种多样，主要有以下几种：

1. 变化工作内容。坐着读书的时间长了，再站着阅读一会儿；看书时出现眼睛疲劳，可遥望远处绿色草坪和树木。

2. 平衡休息。看书时间长了，以远视为休息；久处闹市，以暂居僻静处为休息：久动者以静为休息，久静者以动为休息。

3. 娱乐性休息。劳累了，看看电视，听听音乐，唱唱歌跳跳舞，这都是有效而愉快的休息方式。

4. 小睡休息。学会利用一切场合，如家中、课间、走廊，甚至汽车里面打个小盹儿，只需10分钟就会使你精神振奋。

5. 医疗性休息。思考累了，可用指尖按一定方向按摩天柱穴、太阳穴；走累了，可用热水泡泡脚；劳动累了，可按摩肩背，搓搓腰腿。此外，中气不足等病理反应性疲劳，可服用补中益气丸之类药物，以消除疲劳。

6. 运动性休息。伏案看书写字的时间长了，可利用小块场地，做做小运动量活动，如原地放松慢跑，做几节广播体操，伸展扩胸，扭腰转体，屈膝压腿等。总之，运动的原则是轻松而不觉得疲劳、精神振作为佳。

综上所述，任何一种休息，都离不开"放松"两字，只有彻底让身体松弛下来，才能取得最佳的休息效果，再工作时，精力就会旺盛。因此，主动作息是人们保持身心健康、延年益寿的良方，这是任何灵丹妙药所不能代替的。

时间主人的好品格，你具备了吗

　　管理时间说起来简单，实践起来却并不是那么容易。在第二章里，我们介绍了关于时间管理的一些方法和规则，也介绍了具体的时间规划表的制作。然而，时间是一种看不见摸不着、细细悠悠而又漫漫长长的东西，对于人的品格和意志来说，它是一块非常好的试金石。要想真正成为时间的主人，除了掌握方法和原则，同时也需要具备很多优秀的品格，才能在与时间赛跑的过程中占到上风。

一、不放弃——坚持的力量

在计划制订并付诸行动之后，有一个非常重要的因素来保证目标的实现，那就是坚持。凡事预则立，不预则废，不要因为懒散或有畏难情绪就拖拉，甚至是放弃。

一代翻译大师傅雷在坚持方面可谓一个非常有说服力的榜样，他曾翻译了伏尔泰、巴尔扎克、罗曼·罗兰等许多重要作家的作品。数百万字的译作成了中国翻译界备受推崇的范文，形成了独树一帜的"傅雷体华文语言"，为西方文化在中国的传播作出了杰出的贡献。

傅 雷

傅雷幼年丧父，在母亲的教导下，他自小就养成了认真、严谨、一丝不苟的性格。1924 年，年仅 16 岁的傅雷考入上海大同大学附中。这是一所英汉双语学校，老师在课堂上授课的主要语言是英语。傅雷在以前只是从做远洋生意的叔父那里学到过零星的英语。入学以后，面对老师在课堂上的英语授课，他几乎一句都听不懂，再加上他家境贫寒，穿着破旧，因此经常受到同学的嘲笑。不久，老师找到他，对他说："你一点英语都不懂，这样下去什么都学不到，不如把你转到一所普通学校吧。"

傅雷感到受到了深深的侮辱，他当即回绝说："不，我一定会赶上！"从那天起，他就给自己制订了一份周密的学习计划，每天天不亮，当别人还在熟睡、天空还满是繁星的时候，他已经起床，反复记诵英语单词；每天晚上，当别人已经入睡的时候，他还在一遍又一遍地默写课文；他的口语表达能力很差，英语会话时发音不准，因此经常受到同学们的嘲笑，但他并没有气馁，每天他都利用晚饭前有限的时间，找到学校里任课的外国老师，与他们交谈，向他们请教，这些外国老师都很喜欢这个聪明而又好学的孩子……

就这样，一天天、一月月的时间过去了，傅雷的英语水平由很差到一般，由不能开口到能够流畅地表达自己。经过一年的努力，当第一年学期末的时候，傅雷的英语成绩取得了全校第一名，而他的口语更是得到了老师的极力赞赏。

1927 年，19 岁的傅雷高中毕业，赴法国巴黎大学学习艺术理论。在异国他乡，他又必须再次学好法语，不过，已经有了成功经验的他，这次同样没有被吓倒，凭借着顽强的毅力和坚持精神，他很快又通晓了法语，出色地完成了学业。学成回国后，他凭借着自己出色的语言功底专门从事世界名著的翻译工作，最终也成为一代翻译大师。

相对于学习外语的困难来说，有时候坚持的内容很简单、很容易，但是很多人还是做不到持之以恒。有这样一个故事，古希腊大哲学家苏格拉底对学生们说："今天咱们只学一件最简单也是最容易做的事。每个人把胳膊尽量往前甩，然后再尽量往后甩。"说着，苏格拉底示范做了一遍："从今天开始，每天做300下。大家能做到吗？"

学生们都笑了。这么简单的事，有什么做不到的？过了一个月，苏格拉底问学生们："每天甩手300下，哪个同学坚持了？"有90%的同学骄傲地举起了手。又过了一个月，苏格拉底又问，这回，坚持下来的学生只有八成。

一年过去了，苏格拉底再次问大家："请告诉我，最简单的甩手运动，还有哪几位同学坚持了？"这时，整个教室里，只有一个人举起了手。这个学生就是最后成为古希腊另一个大哲学家的柏拉图。

世间最容易的事就是坚持，最难的事也是坚持，时间就是这把衡量的标尺。成功在于坚持，这是个并不神秘的秘诀。

坚持的力量

司马迁从 42 岁时开始写《史记》直到 60 岁时才完成。前后一共历时 18 年。如果把他 20 岁后收集史料、实地采访等工作加在一起，这部《史记》花费了他整整 40 年时间。

李时珍花了 31 年功夫，读了 800 多种书籍，写了上千万字笔记，游历了 7 个省，收集了成千上万个单方，为了了解一些草药的解毒效果，吞服了一些剧烈的毒药，最后写成了中国医药学的辉煌巨著——《本草纲目》。

马克思写《资本论》，呕心沥血，花了 40 年时间。

英国生物学家达尔文研究进化论，花了 22 年时间，写出了《物种起源》一书。

法国著名物理学家居里夫人，历经 12 年的实验，不怕挫折失败，从几十吨的矿物中提取了几克镭，因此获得了诺贝尔奖。

可以说，没有这些坚持不懈、持之以恒的精神，他们很难在漫长的时间里取得如此骄人的成绩。反观我们自己，不用说十几年、几十年的时间，有时候甚至短短的一刻钟的坚持也难以做到。俗话说，"一屋不扫，何以扫天下"，如果在小细节里都不能表现出坚持的精神，那么日复一日漫长而艰辛的研究过程，更是难以充满把握地去面对了。

成功申请到哈佛读书的四川女孩刘亦婷的坚持毅力也很让人钦佩。在她上小学三年级的时候，有一次，爸爸和她打赌，如果刘亦婷能让冰块在手里握 15 分钟，爸爸就答应给她一本喜欢的书。刺骨的冰块握在手里，还要坚持 15 分钟，这可不是一件容易办成的事情。第一分钟，刘亦婷感觉到一股冰冷的寒气如同针一样刺进她的骨头里；第二分钟，她的手全麻了，胳膊也动不了。但是她并没有就此放弃，过了几分钟，她渐渐适应了这个温度；到了第十五分钟，刘亦婷大声欢呼，说："我成功了！"

获全额奖学金考入哈佛大学的刘亦婷（右）

可以说，任何事情的成功都贵在坚持，学习如此，工作如此，兴趣爱好也如此。大多数的人大概都有尝试制订学习计划的经历，但是真正将这一习惯保留下来的人并不多。前文所提到的制订周密的时间计划，仅仅是促使自己迈向成功的第一步。在长年累月的学习当中，只有那些有着顽强的毅力，能够坚持下来的人，才能够取得最后的成功。

汤姆·霍普金斯多年前大学辍学，在建筑工地以扛钢筋为

生。不过，他相信世上一定会有更好的谋生手段，并开始尝试进行销售。在屡遭败绩、穷困潦倒之时，他决定把最后的积蓄投资到世界第一激励大师金克拉一个为期五天的培训班，这五天的培训成为他生命的转折点。后来他潜心学习钻研心理学、公关学、市场学等理论，结合现代推销技巧，在短暂的时间里获得了惊人的成功。

汤姆·霍普金斯

经过他的不懈努力，他已经成为当今世界著名推销训练大师，全球推销员的典范，平均每天卖一幢房子，至今仍是吉尼斯世界纪录保持人。他在 3 年内赚到 3000 万美元，27 岁就已成为千万富翁。他被誉为"世界上最伟大的推销大师"，接受过其训练的学生在全球超过 500 万人。

让我们来学习一下在行动和坚持方面，汤姆·霍普金斯有哪些心得和领悟。

马上行动，坚持到底

文/汤姆·霍普金斯

你知道，我在踏入推销界之前是多么的落魄，在从事推销后我的命运又发生了怎样的转机。

我永远也不会忘记当初我参加的那个推销培训班，我的所有收获都源于那次学到的东西，后来，我又潜心学习，钻研心理学、公关学、市场学等理论，结合现代观念推销技巧，终于大获成功。

在美国房地产界我三年内赚到了三千多万美元，此后我成功参与了可口可乐、迪斯尼、宝洁公司等企业的推销策划。在销售方面，我是全世界单年内销售最多房地产的业务员，平均每天卖一幢房子。后来我的名字进入了吉尼斯世界纪录，被国际上很多报刊称为"国际销售界的传奇冠军"。

当我的事业迎来辉煌的时候，有人问我："你成功的秘诀是什么？"我回答说："每当我遇到挫折的时候，我只有一个信念，那就是马上行动，坚持到底。成功者绝不放弃，放弃者绝不会成功！"

我要坚持到底，因为我不是为了失败才来到这个世界的，更不相信"命中注定失败"这种丧气话，什么路都可以选择，但就是不能选择"放弃"这条路。

我坚信自己是一头狮子，而不是头羔羊；在我的思想中从来没有"放弃""不可能""办不到""行不通""没希望"等字眼。

坚持就有成功的可能。我知道每一次推销失败，都将会增加我下次成功的概率；每一次客户的拒绝，都能使我离"成交"更进一步；每一次对方皱眉的表情，都是他下次微笑的征兆；每一次的不顺利，都将会为明天的幸运带来希望。

我要坚持到底，今天我不可以因昨天的成功而满足，因为这是失败的前兆，我要用信心迎向今日的太阳，只要我有一口气在，我就要坚持到底。因为我了解成功的秘诀就是"只要我坚持到底，马上行动绝不放弃，我一定会成功"。

"马上行动！马上行动！马上行动！"

我要一遍一遍地重复这句话，直到它成为习惯和行为本能。

当我早上一睁开眼睛就要说这句话：马上行动！免得"再多睡一会儿嘛"占据我的脑海。

当我站在客户的门口，就立刻开口说这句话：马上行动！免得"犹豫不安"占据我的斗志和信心。

成功是不会等人的，就在此时此刻，马上行动，绝不放弃，全力以赴！

我在27岁那年跨进了美国千万富翁的行列。目前，我拥有一个国际推销培训集团，每年还要出席全球75次研讨班，向全世界梦想获得巨大成功的人们传授销售知识，分享自己毕生的成功经验，如今全世界很多的销售培训课程都来源于我的销售培训系统。

我曾连续8年得到全美房地产的销售冠军，开着劳斯莱斯或奔驰轿车环游世界，并传授无数业务员推销的方法。众所周知的华人推销大师陈安之就是在我过去35年里300万学生中最优秀的学生之一。

我曾经负责过一次全球绝无仅有的、耗资最贵的推销计划，那就是1996年亚特兰大夏季奥运会的全球推销计划，而且做得非常成功。

在这里我绝没有骄傲和炫耀的意思，我把它讲出来的目的只是想用我的经历来鼓舞你、激励你。我生命中的一个目标，就是帮你赚更多的钱。请别让我失望——提高你的能力，增加你的收入，得到你生命里的所有美好。

二、不散漫——自律的保证

一个时间规划表做好以后，夹在随身携带的笔记本里或者贴在墙头，除了你自己，没有人能够像影子一样地跟着你进行督促，因此完成计划的任务好不好，效率高不高，短时间里很难用具体的标准作出评价，其中的效果只有你自己知道。

因此，在这一过程中，严格要求自己，克制懒惰、拖拉、迟到、半途而废等不好的习惯和作风是很重要的。真正意义上的时间主人，一定是一个对于自己的计划能够严格执行、严于律己的人。

在时间方面，鲁迅对自己的要求可谓苛刻，这一习惯是他从小就保持下来的。

在鲁迅13岁的时候，他的祖父因科场案被逮捕入狱，父亲长期患病，家里越来越穷，他经常到当铺卖掉家里值钱的东西，然后再去药店给父亲买药。有一次，父亲病重，鲁迅一大早就去当铺和药店，回来时老师已经开始上课了。老师看到他迟到了，就生气地说："十几岁的学生，还睡懒觉，上课迟到。下次再迟到就别来了。"

鲁迅听了，点点头，没有为自己做任何辩解，低着头默默回到自己的座位上。

　　第二天，他早早来到学校，在书桌右上角用刀刻了一个"早"字，心里暗暗地许下诺言：以后一定要早起，不能再迟到了。

　　以后的日子里，父亲的病更重了，鲁迅更频繁地到当铺去卖东西，然后到药店去买药，家里很多活都落在了鲁迅的肩上。他每天天不亮就起床，料理好家里的事情，然后再到当铺和药店，之后又急急忙忙地跑到私塾上课。虽然家里的负担很重，可是他再也没有迟到过。

绍兴的三味书屋，鲁迅童年在这里养成珍惜时间的好习惯。

　　可以说，鲁迅日后成为中国文坛的一位巨人，与小时候严于律己、信守承诺、从不迟到的习惯有着很大的关系。而很多时候，我们制定了严格而科学的作息时间表之后，却不能有效地执行，很容易放纵自己，认为懒惰一两次根本不是什么大问题，殊

不知很多不好的习惯就是从这一次次小小的"疏忽"里产生的。一旦让不好的习惯开了头，它会像决堤的洪水一样冲破你下定决心很久才建立起来的信念，让你在把握时间、通向成功的道路上走很多弯路。

举个例子，网络在今天已经非常普及，我们都要借助于网络来获取信息、收发邮件、观看视频，或者进行娱乐活动，可以说网络极大地方便和丰富了我们的生活。对于学生来说，上网不仅能够提高学生的学习，还能丰富学生的课外生活，使学生不再成为"两耳不闻窗外事，一心只读圣贤书"的呆子，对培养全面人才有积极的作用。《福建日报》对于中学生上网情况的一则调查表明，经常上网的人数达80%，然而60%的人上网是为了聊天，25%的人上网是为了游戏，上网学习的人仅仅占到15%。网络是一把双刃剑，如果自律能力差的话，很容易造成对网络的沉溺和痴迷，在电脑前一坐就是大半天，把原来安排好的任务弃之一边，结果造成大量时间的浪费，严重的甚至可以造成学业的荒废。

有位读小学三年级的同学，由于父母长期在国外工作，他从小跟着爷爷、奶奶长大。或许是平时受爷爷、奶奶的宠爱太多了，总是一副小霸王的样子，自作主张、我行我素，谁说他都不往心里去；做作业不专心，老要别人督促，很难做到主动完成自己应该做的事，爷爷、奶奶批评他，或者耐心教育他，全都没用。

后来父母回到国内，加强了对他的管束，面对严厉的父母，

"小霸王"算是收敛了一些，还算是听从父母的话。但父母很快就发现另一个问题，这个孩子有"两面派"的表现，父母在眼前的时候，老老实实，一副"乖孩子"的样子，父母不在的时候却又完全是另外一个样子，恨不得把天给捅破了。简言之，好像他做的事情都是给父母看的。

在学校里也是如此，上课总是随便说话，老师批评他，他只能老实10分钟，一会儿又管不住自己了。下课了，就乱动同学的东西，经常把同学气得哭鼻子，多次被同学告状告到老师那里去。父母拿他是既疼爱，又头痛，一点办法也没有。

其实，这位同学缺乏自律性，父母可以通过有效的训练来培养时间管理能力。比如，签订一个"自律协议"，把他每天必须要做的事情写在纸上，贴在墙壁上，这就意味着，这些事情是当天必须完成的。只有做完这些事情，才是父母眼中的"好孩子"，否则就是一个不讲信用的"坏孩子"。对于孩子的调皮行为，也都以明确的方式写在纸上，比如上课随便说话、在家里不好好写作业、乱动同学的东西等等。让他知道，这些行为都是父母不喜欢的，也是不对的。每天晚上都要检查孩子当天的执行情况，如果做得好的话，就表扬他，如果做得不好，就惩罚他。表扬的方式有很多，周日带孩子去游乐园玩一次，或者带孩子踢足球，这都是他喜欢的奖励方式；惩罚的方式也有很多，比如做10个俯卧撑、罚他做一些简单的家务等等。

这是针对教育者——即孩子家长的一个建议，而改正自由散漫、缺乏自律性的坏习惯是一项需要自我反思、主动行动的行为，将"自律协议"的条条框框逐渐变成自己主动的要求和自觉的行动，这样"自律协议"才能算真正生效。

自律能力的强弱因人而异，提高自律能力也是如此。心理学家弗洛伊德认为，人的自律能力弱是因为潜意识或者本我的膨胀，使超我制约能力相对薄弱。打个比方来说，你的自律能力很弱，爱玩电游，但现在高考在即，学习是第一位的，这谁都知道；可当你自己下定决心再也不玩电游了，制订了学习计划并实施的时候，朋友的一个电话或者一次偶然的机会，你放松了一次，随后你发现：所有的决心、计划都付之东去了。

为什么？问题很简单，在你实施计划或者下定决心的时候，在超我的指使下你控制了自己的那些诸如"玩游戏"之类的小毛病，可是，当你感觉到疲劳或者沾沾自喜的时候，你的潜意识又趁机而动，向超我发起了挑战；看是只放松了一次，实际上是全面的胜利，但这胜利是潜意识的，而不是超我的。

因此在自律方面，不能对自己有一丝一毫的放松，特别是在时间计划之外的活动，甚至比计划本身更能引起你兴趣的事物，你一定提高警惕。每一个开小差的念头从脑海中闪过，你都要提醒自己不能走神，集中精力。自律能力，很大程度上就表现在意念控制上。意念控制的作用就表现在促进自己积极行动。可以通过积极的自我暗示来增强信心，自己激励自己去进行积极的行动。通过座右铭或者一些榜样的力量，时刻勉励自己，也不妨给自己作出一些奖惩规定，来约束自己的行为，这种精神力量的培养对于奋斗进取、直至成功是大有裨益的。

如果你正在和自律挣扎，不必担忧，其实自律是可以培养的，只要掌握了下列 5 点规律：

1. 自觉

自律意味着按照你所认定是最好的行动，而不顾及此刻你的感受。所以，自律的第一个特点就是自觉。你需要决定哪些行为能最好地达到你的目标和实现你的价值。这个过程要求自我反省和自我分析。最有效的是和写下来的描述相联系。

2. 自我意识

自我意识从两方面决定了自律：你正在做的事情和你没有在做的事情。想一想，如果你没有意识到你的行为是无纪律的，那你又怎么知道用另外的方式来行动呢？

当你开始培养自律时，你可能会注意到自己正进行着不自律的行为，关键就在于你对自己的不自律行为保持警觉。渐渐地，这种警觉性会在你不自律的行为之前就提醒你。这让你在做决定时，更好地靠近你的目标和价值。

3. 自律的承诺

仅是简单地写出你的目标和价值是不够的。你必须对它们做出承诺。否则，当你的闹钟在早上 5 点响起时，你会按下暂停键，想着再睡 5 分钟吧，也没太大关系的；或者当最初的热情褪去后，你的项目就进入了跌跌撞撞走向完成的过程。

当你和承诺挣扎时，按照你讲过的你要去做的事情，包括你讲过的要做的事情以及做的方法，做一个清醒的决定。最好形成一个评估系统，比如他人的监督或者可对照的计划表。有句话是这样说的：当事物被评估的时候，它就会改进的。

4. 勇气

自律需要很大的勇气。当事情其实很难的时候，不要假装它对你而言是很简单的。相反，找到勇气来面对辛苦和困难。当你慢慢累积小小的胜利时，你的自信会增长，支持你自律的勇气也会源源不断。

5. 自我指导

自我对话可以帮你提醒你的目标，唤起你的勇气，加强你的承诺，以及对你手边的任务保持清醒。因此多跟自己对话，鼓励自己，肯定自己，是极其有用的"纪律的代价通常都小于后悔的痛苦。"最好把这句话融进你的记忆中，这会改变你的一生。

让我们放松一下，借一个心理小测试，来看一下你的自律能力有多强！

自律能力心理小测试

1. 当你站立时，你喜欢双臂抱肩吗？

   A. 是；B. 不是。

2. 你有咬手指或手指甲的习惯吗？

   A. 有；B. 没有。

3. 当你与人交谈或倾听别人谈话时，你总是不停地击打桌面吗？

A. 是；B. 不是。

4. 开会时，你总是不断改变姿势、以求坐得更舒服些吗？

　　A. 是；B. 不是。

5. 当你谈话时，

　　A. 你总是抑扬顿挫，眉飞色舞，手舞足蹈；

　　B. 你感到有些紧张；

　　C. 你把手轻轻地放在衣兜里。

6. 出席晚宴时，你总是把眼睛盯在一盘或附近的几样菜上，是吗？

　　A. 是；B. 不是。

7. 看到别人把大拇指藏在手心、拳头紧握时，你害怕吗？

　　A. 怕；B. 不怕。

8. 当你在大庭广众之下跌倒，你是感到别人都在注意着你吗？

　　A. 是；B. 不是。

9. 出席宴会时，你总是和相熟的朋友交谈吗？

　　A. 是；B. 不是。

10. 你是否常常会因为一件小事而产生新的想法？

　　A. 是；B. 不是。

11. 你是不是对某件事下决心时不做充分思考？

　　A. 是；B. 不是。

12. 你是不是特别关心别人的某种暗示？

　　A. 是；B. 不是。

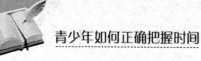

13. 你是不是对一件事先热后冷最终放弃？

 A. 是；B. 不是。

14. 你是不是对他人的看法很在意？

 A. 是；B. 不是。

15. 你是不是对细小的刺激很敏感？

 A. 是；B. 不是。

16. 你是不是对有兴趣的事立即表现为行为？

 A. 是；B. 不是。

17. 你是不是很容易被别人发动起来？

 A. 是；B. 不是。

18. 你在做某件事时是不是带有机械性？

 A. 是；B. 不是。

19. 你是不是一瞬间做出一些莫名其妙的事来？

 A. 是；B. 不是。

20. 你是不是为一点点不满而发很大的牢骚？

 A. 是；B. 不是。

21. 你是不是在做事情时情感色彩很浓？

 A. 是；B. 不是。

22. 你是不是为一个还未弄清楚的观念而做事情？

 A. 是；B. 不是。

23. 你在学习中稍遇阻力时是不是总叫嚷"我不懂，真没意思"？

 A. 是；B. 不是。

24. 尽管看起来达不到目的，你是仍然要蛮干下去？

    A. 是；B. 不是。

25. 你是不是凭刹那间的印象来生活？

    A. 是；B. 不是。

26. 你是不是把怄气或反抗认为是不屈不挠、有骨气？

    A. 是；B. 不是。

27. 你是不是在要好同学间甘做附庸？

    A. 是；B. 不是。

28. 考试成绩不理想时你是不是埋怨老师教学水平低而不认为自己有不足之处？

    A. 是；B. 不是。

29. 你对不称心的事是不是根本就不想干？

    A. 是；B. 不是。

30. "这是最后一次了"是你常用的口头禅？

    A. 是；B. 不是。

31. 你经常做出令自己后悔的事？

    A. 是；B. 不是。

32. 你总是不等到月底就花完这个月的零花钱？

    A. 是；B. 不是。

33. 你是个很好说话的人，说服你不是什么难事？

    A. 是；B. 不是。

34. 你经常不能完成自己制订的学习目标？

    A. 是；B. 不是。

35. 你时常陷入接二连三的麻烦中？

    A. 是；B. 不是。

36. 你时常去幻想那些不切实际的事，并深深地沉溺于其中？

    A. 是；B. 不是。

37. 你经常赖床？

    A. 是；B. 不是。

38. 你的保证与诺言已不太被相信了？

    A. 是；B. 不是。

39. 你每次到超市购物都超出原来的购买预算？

    A. 是；B. 不是。

答案与分析：肯定回答得1分。

A. 0~12分：不论在何种情况下，你都沉着，坚定，稳重。你的举止说明你是一个沉着老练、遇事不慌、自信自负、分寸得当、临危不乱、自律能力很强的人。这种特点是你成功的因素。

B. 13~20分：你有缺乏自律能力的倾向，要注意培养自己的自律能力。

C. 21~40分：你明显缺乏自律能力，生活和学习中可能有这样那样的困难，一定要开始培养自律能力了。

三、不偷懒——勤奋的精神

在时间面前，勤奋是最受欢迎的朋友。勤，即意味着珍惜时间，勤学习、勤思考、勤探究、勤实践，把时间充分地利用好。勤奋是人们获取成功的必要前提，也是我们每个人都应该具备的良好品格。唯有勤奋，才能创造一个人事业的成功与辉煌。

古往今来，对于取得功绩的人来说，他们提到最多的一个词，就是勤奋。

书法家"二王"

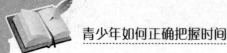

王羲之是东晋有名的书法家，他每天坚持练字，练完后就在家边的一口池塘里洗笔。这样日复一日，竟将整口池塘的水染成了黑色，如同墨一般。于是人们把这口池塘叫做"墨池"。王羲之的儿子王献之练习书法，用尽 18 缸水，终于成为一代大师，与父亲并称"二王"。

而所谓的天才，常常也是来自于勤奋。

我国古代伟大的诗人屈原小时候不顾长辈的反对，不论刮风下雨，天寒地冻，都躲到山洞里偷读《诗经》。经过整整 3 年，他熟读了《诗经》305 篇，从这些民歌民谣中吸收了丰富的营养，终于成为一位伟大诗人。

法国作家福楼拜，他的窗口面对塞纳河，由于他经常勤奋钻研，通宵达旦，夜间航船的人们常把它当作航标灯。他的学生莫泊桑，从 20 岁开始写作，到 30 岁才写出第一篇短篇小说《羊脂球》，在他的房间里可以看到草稿纸已有书桌那么高了。

爱迪生一生有一千多项发明。他为了发明电灯，阅读了大量资料，光笔记就有四万多页，他试验过几千种物质，做了几万次实验，才发明出了电灯。

数学家陈景润为了证明"哥德巴赫猜想"，他日复一日、年复一年地沉浸在数学中，常常废寝忘食。

还有很多伟人的事例不胜枚举。但他们的人生经历都说明了一个道理：唯有勤奋，才能在时间里收获成就。

有这样一位同学，他算不上非常聪明，但是他非常勤奋。上小学的时候，他学习就很用心。当遇到不能理解的课文时，一定会花时间把问题弄明白了才肯罢休。他和别的孩子一样喜欢玩，只要他学习上没有什么问题，下课铃声一响，他总是最先冲到操场上，而最先回到课堂上的也是他。他努力地学习，疯狂地玩耍。无论是上课，还是下课，他都是快乐的。

高中毕业的时候，因为品学兼优，学校保送他上了大学。在大学里他如鱼得水，那里是一片广阔的天地，他就像一条小鱼在知识的海洋里尽情地畅游。无论做什么事，他都要把功课做好了再去，上课前他都会事先预习，课后还要复习。所以老师的问题从来没有难倒过他。学校领导对他的评价很高，同学们也很喜欢他。

大学里有很多社团，这位同学也参加了一个。依照习惯，每年都要从这个社团选一名代表做演讲，他被幸运地选中。勤奋的他依靠博学的知识赢得了在场每一个人的掌声。毕业的那一天，他的父母、兄弟、姐妹都来听他的毕业演讲。穿着学士服的他看起来是那么神气。

通过这个故事我们可以知道，勤奋虽然辛苦，但是最后得到的一定会远远超出所付出的。而懒惰的孩子总是不能掌握好每一次的机会和挑战，很可能一事无成。

懒惰是勤奋道路上的大敌。它会吞噬人的心灵，引起无聊，在虚度光阴里使自己成为一个平庸的人。一个很常见的现象是，一些人愿意花费很多精力来逃避工作和学习，却不愿花相同的精力来努力完成工作。他们以为自己的这种做法是聪明的，在当别人兢兢业业取得成绩的时候，他们却颗粒无收，到头来愚弄的只能是自己。

懒惰之人的一个主要特点就是拖拉。把前天该完成的事情拖拉应付到后天，这是一种很坏的习惯，对渴望成功的人来说，拖拉最具破坏性，也是最危险的恶习，它使人丧失进取心。一旦开始遇事推拖，就很容易再次拖拉，直到变成一种根深蒂固的习惯。

尤其是在学习中，懒惰、拖拉对于掌握学习效率、提高学习成绩来说，是很大的绊脚石。

有一位同学就是这样，他的时间观念很不强，自律能力也很差。什么事情都是能拖一会儿就拖一会儿，到最后实在是拖不下去了才开始着手去做。暑假里老师布置了每天都要写日记的任务，他却磨磨蹭蹭不肯写，即使是写了也是很少的几行字。直到快要开学了，2个月假期他一共才写了十来篇。到了要开学的时候，才开始着急，忙着"补"日记。本来，日记是记录自己每天的心情和事件的，在短短的几天里要完成一个假期的日记，对于一个学生来说，是很困难的，而且这样临时抱佛脚的做法，质量根本难以保证。最后他只好抄了书上的很多篇日记，然后自己又胡乱地写了很多，这才勉强凑齐了篇幅，可是里面的内容真是不忍卒读。

由此可见，时间管理本来是一件极为简单的事情，只要按照原来的计划和方向，按时按质量完成，积累下来，成果就会非常可观。但是很多人连这样简单的一点都做不到，总觉得按照计划操作是一件很辛苦的事情，寻找各种理由来拖拉，最终无法完成自己的初衷。这是非常需要警惕和反思的。

阿尔伯特·哈伯德是美国著名出版家和作家，他曾做过教师、出版商、编辑和演说家。1895年，他在纽约东奥罗拉创立了罗伊克夫特公司，制造和销售各种手工艺品，随后又开设了一家印刷装订厂。1899年，他根据安德鲁·萨默斯·罗文的英勇事迹，创作了鼓舞人心的《致加西亚的信》，该书是有史以来世界最畅销图书之一，全球累积销量达8亿册，被译成多种文字，广为流传。

《致加西亚的信》封面书影

下面我们就其中的第四节内容，看看阿尔伯特·哈伯德是如何深刻地剖析拖拉和逃避对时间管理的损害，希望对大家有所启发，在读完这段文字之后，把堆积已久的任务赶快处理完成，马上就开始行动！

拖拉和逃避是一种恶习

文/阿尔伯特·哈伯德

如果那些一天到晚想着如何欺瞒的人，能将这些精力及创意的一半用到正道上，他们就有可能取得巨大的成就。

懒惰之人的一个重要特征就是拖沓。把前天该完成的事情拖延敷衍到后天，是一种很坏的工作习惯。对一位渴望成功的人来

说，拖延最具破坏性，也是最危险的恶习，它使人丧失进取心。一旦开始遇事推托，就很容易再次拖延，直到变成一种根深蒂固的习惯。解决拖拉的唯一良方就是行动。当你开始着手做事——任何事，你就会惊讶地发现，自己的处境正迅速地改变。

习惯性的拖延者通常也是制造借口与托词的专家。如果你存心拖延逃避，你就能找出成千上万个理由来辩解为什么事情无法完成，而对事情应该完成的理由却想得少之又少。把"事情太困难、太昂贵、太花时间"等种种理由合理化，要比相信"只要我们更努力、更聪明、信心更强，就能完成任何事"的念头容易得多。

这类人无法接受承诺，只想找借口。如果你发现自己经常为了没做某些事而制造借口，或想出千百个理由为事情未能按计划实施而辩解，最好自我反省一番，别再做一些无谓的解释，动手做事吧！

拖延是对生命的挥霍。拖延在人们日常生活中司空见惯，如果你将一天时间记录下来，就会惊讶地发现，拖延正在不知不觉地消耗着我们的生命。

拖延是因为人的惰性在作怪，每当自己要付出劳动时，或要作出抉择时，我们总会为自己找出一些借口来安慰自己，总想自己轻松些、舒服些。有些人能在瞬间果断地战胜惰性，积极主动地面对挑战；有些人却深陷于"激战"泥潭，被主动和惰性拉来拉去，不知所措，无法定夺……时间就这样一分一秒地浪费了。

人们都有这样的经历，清晨闹钟将你从睡梦中惊醒，想着自己所定的计划，同时却感受着被窝里的温暖，一边不断地对自己说：该起床了，一边又不断地给自己寻找借口——再等一会儿。于是，在忐忑不安之中，又躺了五分钟，甚至十分钟……

拖延是对惰性的纵容，一旦形成习惯，就会消磨人的意志，使你对自己越来越失去信心，怀疑自己的毅力，怀疑自己的目标，甚至会使自己的性格变得犹豫不决。

克服拖延的习惯，将其从自己的个性中根除。这种把你应该在上星期、去年甚至十几年前该做的事情拖到明天去做的习惯，正在啃噬你的意志，除非你革除了这些坏习惯，否则你将难以取得任何成就。

有许多方法可以克服这种恶习：

第一，每天从事一件明确的工作，而且不必等待别人的指示就能够主动去完成；

第二，到处寻找，每天至少找出一件对其他人有价值的事情，而且不期望获得报酬；

第三，每天要将养成这种主动工作习惯的价值告诉别人，至少要告诉一个人。

四、不浮躁——平和的心态

　　时间是一个漫长的过程。一首歌几分钟就可以听完，一本书半天时间也可以读完；但是考上大学，需要我们从小学开始就认真学习，打下扎实的基础，这需要十多年的时间；而要想成为一个伟大的科学家或者文学家，那么就需要在相应的领域奋斗很多年。前面我们提到过坚持的力量，没错，坚持不懈的精神在时间里是发光的金子，经历得越久，它的品质越会闪闪发亮。同时我们也应该预料到，要想完成一件事情，很多时候是不可能一蹴而就、一帆风顺的，中间会遇到很多的困难和挫折，在实际中很多目标难以按照原先的计划完成，因为实施的过程中会遇到很多难以预料到的阻碍。这些阻碍，是时间对我们的考验，如果心浮气躁，在挫折面前觉得难以胜任，那么再伟大的梦想也难以实现，想成为时间的主人也不过是一纸空谈，而平和的心态则有助于我们在实行计划、实现目标的过程中踏踏实实、宠辱不惊，顺利地驶过时间的"漩涡"，最终到达梦想的彼岸。

　　有个故事是说，两个人在沙漠中艰难行走的探险者发现了一杯水，其中一个人高兴地说："看，终于有一杯水了。"而另一个人却说："怎么只有一杯水。"很多事情都与人们对待事物的态度以及心态有关，不同的人在同一时间里做同一件事情会有不同的感受。拿破仑·希尔说："人与人之间的差异其实很小，但这种很小的差异却造成了巨大的差异。很小的差异指的是心态，巨大差异指的是人生结果。"其实只要保持一种平和的心态，用快乐积极的心态来对待自己的学习和工作任务。

要知道，时间是一种过程，在滴滴答答、一分一秒地流逝里，最后才到达一个完美的结局，而这一结局在生命的、历史的长河里又不过是沧海一瞬。人生总得有一种动力催促着前行，在通往彼岸的漫漫征途中，以平和的心态坚持踏踏实实地做事，坦坦荡荡地做人，并不因为工作的琐细而产生厌恶和拒绝的心态，这样利用时间的过程本身，不就是一种幸福和美好么？

一位美国的心理学家做过这样一个实验。他找到一些缺乏耐心、毅力很差的孩子，把他们分成两组，然后指着一堆积木，对其中的一组说："你们现要用这堆积木搭一座房子。"

孩子们本以为参加这个实验又是什么智力测试、题目演算等老一套，没想到却是玩游戏，这正是他们喜欢的。于是他们兴冲冲地就动手去做。不过，别看只是一项游戏，但用一大堆积木搭一座一米多高的房子，并不是一件简单的事情。半个小时过去了，有的孩子失去了兴趣，就去玩别的了，又过了半个小时，这一组中的所有孩子都失去了耐心，房子却几乎连地基都没有完成。

这时轮到另外一组了。心理学家对这组里的小朋友说："现在你们要搭一座房子，但是在搭房子之前，你们要告诉我们准备

花多长时间去搭地基，多长时间去盖墙壁，多长时间去搭屋顶，多长时间去安装窗户。"小朋友们一商量，给出了大概的时间，他们估计地基要花半个小时的时间，墙壁要花1个小时的时间，屋顶和窗户又分别各花半个小时。

在随后的游戏当中，他们就按照这个时间进度去工作，虽然时间最后有所超出，但最终的结果却是，在3个小时以后，他们真的把房子盖成了！

看到搭好的漂亮房子，孩子们自己都不敢相信这是出自他们的努力。他们相互庆贺，同时又感到困惑："这么难的工作，我们是怎么完成的啊？"

心理学家说出了其中的奥秘，把一项复杂的工作分解成几个简单的部分，再按步骤去做，就不会感觉充满了困难而信心受挫、耐心降低，从而能够按照步骤愉悦地从简单的部分做起，累积起来最后就把一件复杂的事情给做成功了！

这个实验告诉我们一个道理，通过恰当地分解复杂任务，并且给每一项分解任务分配合理的时间，可以缓解孩子的焦躁情绪，使他们更具有持久性和耐心。

这时候，我们不妨像前面那位心理学家那样，帮助孩子把复杂的工作分解一下，再制订出一个可供操作的时间进度，这样，孩子就不会再感到整个工作是一件很可怕的事情，因为他们可以一步一步、按部就班地完成。所以，教孩子学会管理时间，对他们的耐心与毅力的培养是一种很好的方法。

平和的心态需要静心与定位，这是一种良好的心理素养。一位哲人说，"天才是长期的忍耐"，做事情既要节约时间、高效率地完成，当事情复杂而琐碎又需要很多个程序才能够掌握的话，那么耐心就起着至关重要的作用，如同串起一堆散乱珠子的精神主线，把杂乱无序、心浮气躁变成潺潺的溪流，宁静悠远地流淌下去。

心浮气躁往往是由于挫折感而产生的。比如做一道数学题，在开始刚拿到题的时候，尽管老师提醒你这道题有一定的难度，需要多花一些时间来解答，预计半个小时到一个小时。可是有些同学开始着手解决的时候，还是被这道题刁钻的提问方式给"降服"了，在动了十几分脑筋之后，还是难以找到解题思路，于是就会马上变得不耐烦，认为自己根本无法解决这道问题，把笔和草稿纸往一边一丢，就坐着等老师讲解了。

其实，困难和挫折是过程中的必修课，克服心浮气躁，我们才能够获得成功。英国诗人雪莱曾说，如果你十分珍爱自己的羽毛，不使它受一点损伤，那么，你将失去两只翅膀，永远不再能够凌空飞翔。平和的心态可以帮助我们找到成功与困难之间的最佳平衡点，也许在做那道数学难题的时候，不那么急着马上求解，而是从命题人的思路出发，逆向思考；或者在按常规方法解答不出来的时候，深呼吸一口气，再换个想法，说不定会豁然开朗，从而找到解答问题的正确方法。抬表一看，那个时候也许你连半个小时还没有用上呢！

所以说，平和的心态在时间管理中扮演着抚慰情绪、理清思路、循序渐进，最终赢得时间，获得成功的作用。

作为普通人，在学业和事业尚未取得佳绩之时，平和的心态更有助于我们调整好情绪，管理好自己的时间，朝着目标踏踏实实地前进。

下面这篇谈论平和心态的小文犹如一杯清茶，可以帮助我们及时地调整情绪，使我们保持一份心平气和，投入到我们的学习和工作中去，让我们来阅读一下吧！

平和的心态

每个人智商上的差异可能很小，除非一些确实有过人之处的人，但这部分人是极少极少的，大部分人的起点是一致的，但在发展过程中各种因素造成了心态的不同，所以发展的结果就大不一样了。

生活中我们经常遇到这种情形：某些重要时候，总是把一些问题翻来覆去地想，有时折腾得晚上彻夜难眠，但事情到头来远远没有想象的复杂，轻而易举地做成了。所谓的庸人自扰可能就是指这种心态了。

平和的心态并非指毫无准备、无目的地干事。古语云：山因势而变，水因时而变，人因思而变，思而悟，悟而行，行必高远。思考的过程是因人而异的，心态浮躁的人的思考过程是胡思乱想的过程，心态平和的人的思考过程是胸有成竹的过程。平和的心态是一种人生至高的境界，一种对荣誉、金钱、利益的豁达与乐观。"宠辱不惊闲看庭前花开花落，去留无意漫观天外云展云舒。"只有当心态有了平和而又不失进取的弦音，许多棘手的问题便可以迎刃而解，许多人间的美景才能尽收眼底。做事情三心二意、浅尝辄止，或是东一榔头西一棒槌，既要鱼，又想得熊掌，或是这山望着那山高，耐不得寂寞，静不下心来，稍不如意就轻易放弃，图安逸、避劳神，敷衍塞责，这样的心态，决定了人生的不幸。

弥尔顿说："心，乃是你活动的天地，你可以把地狱变成天国，亦可以把天国变成地狱。"平凡的人生，需要平和地过，这样的人生已经足够聪明。

五、不浪费——节约的习惯

节约是一种美德，节约时间简直是一种财富的创造，在开篇我们已经提过节约时间的重要性，这里则是要把节约时间作为一种应当具备的品质来进一步强调，直到让它成为我们的习惯，如果能做到这一点的话，那么恭喜你，你已经获得了"时间主人"的身份标签了！

在某种程度上可以说，一切节约最终都可以归结为时间的节约。在经济学家的眼中，时间是一种非常宝贵的资源，可以创造出无穷无尽的财富。许多富裕的国家都有一个共同点，即时间成本的节约，在最短的时间里高效完成事情。

美国许多文具商店里都有"电话留言纸"出售，上面印着日期、时刻、受话人姓名、发话人姓名，内容栏里又分：请回电话到×××号，等一会再来电话等等。有了电话留言纸，受话人不在办公室把信息传达给他就简便多了，免得对方再三再四拨电话，既浪费时间，又占用线路。一张电话留言纸所费不足1美分，而打一次本地电话要25～50美分（不同城市价格不同）。

美国的很多超市收款点常设有快行道，专门为购物不足10件的顾客服务，因为大多数顾客一次购物都达到几十上百件。购物少的顾客可以不必等这些买大批东西的顾客，快速通过。坐在柜台上的服务员为了减少顾客等待，也有一套服务规范。在经济学家茅于轼看来，如果这些细节都能够实现，恐怕每年能多创造出上亿元的财富。

一寸光阴一寸金，寸金难买寸光阴。为了避免浪费，很多国家甚至启用法律法规，来倡导国民节约时间。富兰克林在任美国驻法国大使期间，由于习惯于当时美国农村贵族的早睡早起生活，早上散步时看到法国人 10 点才起床，夜生活过到深夜。于是他 1784 年给《巴黎杂志》的编辑写了一封信，信上说法国人的生活习惯浪费了大好的阳光，建议法国人早睡早起，说每年可以节约 6400 万磅蜡烛。以这个珍惜时间和能源的想法为契机，经过多年的发展，日光节约时间（即夏时令）的做法在很多国家推广开来，成为通行的标准。

其实环境对于个人是有影响的，在一个十分节约时间的社会中，每个人的效率自然能比现有情况高出很多，另外一个方面，如果我们每个人都能够把自己的时间充分利用，不浪费时间，而是珍惜时间、节约时间的话，那么我们个人的力量也将形成强大的合力，产生更广泛的影响。

所以要节约时间的话，那就从身边的点滴小事做起吧，从一些细微的习惯里开始改变，早睡早起，不要熬夜也不要赖床。可以把自己的手表拨快一点点，3 分钟或者 5 分钟，提前的节奏有助于时间的充分利用和节约；在等车或者排队的时候，也把时间有效地利用起来，读读书、看看报或者抓紧背诵几个英文单词；

在休息的时候，不要无节制地长时间看电视或者玩游戏，看着这些时间从身边浪费，应该产生一种内疚感和负罪感。提前做好规划和准备，而不是等事情来了才眉毛胡子一把抓，这样可以帮你有效地节约很多时间来处理另外的事情，在结束一件事情后应该做出反思和总结，看看中间有哪些拖沓和散漫之处可以改进……关于节约时间、提高效率的方法和原则，在前面我们已经介绍了很多，这里需要强调的是大家应当把对时间的节约化成自己根深蒂固的习惯，在有限的时间里完成更多的事情，从而让生活和学习变得更加丰富多彩。

下班路上日本人如何节约时间

上班下班对许多人而言，是不可避免的。因此对于在公司工作的人来说，上下班的路上也属于工作部分，因为上下班路上的时间必定是紧随着劳动时间前后的，即属于"准"劳动时间。

从这一意义上看，上下班路上的时间是没有个人自由的，因为上下班过程中多是需要借助一定的交通工具，很难随心所欲地去安排自己的事情。这就导致很多人在上下班的过程中白白"浪费"很多时间，却无可奈何。

乘电车时，只要你环顾四周，当然，过分拥挤的电车除外，乘客们无不在做着各自的事情。有人在打盹，有人在看书，有人摊开报纸，有人只是发呆。随着列车的运行，这些时间也在不断地流逝。

而在日本的公共交通工具里，很多人仿佛进入了另外一个办公室，一上车就进入集中的状态，着手处理新的事情。

有位公司主管在电车中发明了可以站着进行的"记录本工作法"，即早晨乘电车时，只要位子一确定，就从口袋里掏出笔记本和圆珠笔。在本子里记录当天的工作顺序，或是随意写一些下一步的工作计划等。回到公司后，再把它输入个人电脑。

有的设计师把车厢当成创意的天堂，从周围乘客的身上或者交谈中发现创意的点子，并随手记在笔记本上，一趟车坐下来，笔记本上写得密密麻麻，而接下来的工作规划也就有了着落。

还有的上班族，利用坐高铁的时间写小说，每天写一点，几个月下来，居然写成了一部长篇科幻小说。这在过去想都不敢想的事情，利用坐车的时间，居然实现了！

小林由美是一名幼儿园的保育员，利用上下班坐电车的时间进行折纸的手工活动，久而久之，竟然成为一项兴趣爱好，不断向高难度的折纸工艺挑战，成为折纸达人。

还有些艺术家或者美术学院的学生，在电车或者高铁里，给表情各异、姿态不同的乘客写生或者摄影。

闭上眼睛坐在电车的角落里听音乐也是一个很好的选择，对于某些专门从事音乐评论或者撰稿的人来说，这段时间更加宝贵。在相对稳定的这一时段里，很多人可以耐心平和地倾听品鉴好几张新出的专辑，并形成他们的印象和评价，这样下了车之后，他们就可以展开长篇大论了。

还有一些人把交通工具当成社交的场合。他们因为工作的原

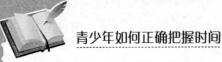

因，平时很难有时间与朋友、亲人交流，但有时候他们可能经常乘坐同一条线路去往工作单位，于是就有很多人在车厢里见到他们好久不见的朋友，交流一下最近的工作和生活，从而拉近距离，增进彼此的感情。

一位在东京和大阪工作的公司职员，在提到坐车时间的利用时，曾这样写道："在拥挤的电车中，完全不在意周围的人。自己所站的地方，或自己所坐的 50 厘米见方的位子就是'小书斋'。在那里，支配着自己的时间，学习语言学，阅读历史书，思绪飞到海外畅游。实在是幸福的时间。"很多人都把坐车的时间作为读书的黄金时间，甚至有些职员的公司离住处近了，还发出"坐车的时间短了，反而没有时间看书"这样的感慨。

总而言之，有把上下班路上的时间活用于工作的人，有把这一时间利用于自己业余兴趣的人，也有把这一时间用于自己的研究的人，还有在这一时间上稍微动点脑筋愉快地上下班的人。在坐车这段看似不自由的时间，在讲究高效的日本人那里变成了一笔新的财富。

相信致力于节约时间的你，一定可以从中获得许多启发。

六、不消沉——乐观的情绪

有句话说得好，开心也是一天，不开心也是一天，为什么每一天不去开开心心地面对呢？

在有关时间的哲学里，这句话的影响力和实际力已经远远超出一天 24 小时本身。为什么这样说呢？因为在积极乐观的情绪中，做什么事情都会很开心、很放松，无形中有一股推动力在推动着你欢快地做每一件事情，哪怕是一件非常困难、不容易完成的事情。做完之后，你大概自己都会觉得不可思议为什么效率会这么高。相反，如果你时常处在不好的情绪状态里，哪怕一件很小的事情都会让你心烦气躁，难以处理，更别说那些需要集中精力、专心应对的重要任务了。

举个例子来说，譬如周末你决定花一下午时间来打扫一下房间。这个时候你心情非常好，很雀跃开始扫地、擦窗户，动作迅捷轻盈。如果来点音乐，相信你的心情会锦上添花，听着自己喜欢而熟悉的旋律，不自觉中把桌子也重新收拾了一遍，书架也重新码放整齐……不知不觉中，你惊奇地发现，整个家里焕然一新，一尘不染，而这是你原来所根本没有预料到的工作量！

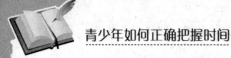
相反，要是你根本不情愿这样的打扫，拖拖拉拉，迟迟不肯付诸行动，这时你的家人由于你的懒惰说了你几句，可能会引起你更加强烈的逆反情绪。本来一下午的时间足够好好打扫一番了，结果一两个小时过去了，连地也没打扫好，即使扫完了，也是应付了事，死角里的灰尘仍然逍遥着呢。这样的情绪状态里，怎么能把事情做好呢？而一下午的时间也徒然地浪费掉了，如果这样消极懈怠的情绪蔓延到晚上，你本来计划看一会儿书，可是由于心烦气躁而看不进去，导致其他的时间安排也受到影响，这下子可是真的得不偿失了！

所以说，乍一看乐观的情绪好像跟时间的管理没有什么联系，其实二者之间的联系非常紧密。每个人都曾经有过这样的体会，如果某一天，自己的精神饱满而且情绪高涨，那样在学习一样东西时就会感到很轻松，学得也很快，其实这正是我们的学习效率高的时候。因此，保持自我情绪的良好是十分重要的。我们在日常生活中，应当有较为开朗的心境，不要过多地去想那些不顺心的事，而是要以一种热情向上的乐观生活态度去对待周围的人和事，因为这样，无论对别人还是对自己都是很有好处的。这样，我们就能在自己的周围营造一个十分轻松的氛围，学习起来也会格外有精神。

现代科学证明，情绪可以通过大脑而影响心理活动和全身的生理活动的。乐观的情绪可以使人体内的神经系统、内分泌系统的自动调节机能处于最佳状态，有利于促进身体健康和精力充沛，从而提高工作和学习效率。那么面对不良情绪应该怎样进行调整呢？应如何保持乐观的情绪呢？下面就向大家介绍几种保持乐观情绪的有效方法：

1. 能量排泄法

对不良情绪所产生的能量可用各种办法加以调整。例如，当生气和愤怒时，可以到空旷的地方去大喊几声，或者去参加一些重体力劳动，也可以进行比较剧烈的体育活动，跑两圈，扔几个铅球，把心理的能量变为体力上的能力释放出去，气也就顺些了。哭也可以释放能量，调整机体平衡。在亲人和挚友面前痛哭，是一种真实感情的爆发，大哭一场，痛苦和悲伤的情绪就减少了许多，心情就会痛快多了。

2. 语言暗示法

当不良情绪要爆发或感到心中十分压抑的时候，可以通过语言的暗示作用，来调整和放松心理上的紧张，使不良情绪得到缓解。当你将要发怒的时候，可以用语言来暗示自己："别做蠢事，发怒是无能的表现。发怒既伤自己，又伤别人，还于事无补。"这样的自我提醒，就会使心情平静一些。

3. 环境调节法

大自然的景色，能扩大胸怀，愉悦身心，陶冶情操。到大自然中去走一走，对于调节人的心理活动有很好的效果。心绪不好或感到心理压力大、郁闷不乐时，千万不要一个人关在屋子里生闷气，应该走出去，到环境优美、空气宜人的花园、郊外，甚至是农村的田园小路上去走一走，舒缓一下心绪，去除一些烦恼。定期到大自然中去放松一下，对于保持身体健康，调解身心紧张大有益处。

要记住，你无法改变天气，却可以改变心情；你无法控制别人，但能够掌握自己。而好的心情是一切希望的开始，拥有了好的心情，你才能够在目标和计划面前呈现出一个积极的精神面貌，从而自信从容地在时间里完成相应的任务。

第章

时间的主人会学习，你做到了吗

我们花了三章的篇幅来认识时间、学习时间运用的法则以及在实施这些方法和原则的时候需要的品格。在了解这些之后，针对本书的读者对象——广大中小学生，就学习方面的时间安排与规划，我们再来做一下具体介绍。因为学生大部分的时间还是在从事跟学习有关的事情，有了具体的学习安排，再投身到课堂或者课外活动中，相信你会真正以一个时间主人的姿态，来有序安排你的学习和生活。

一、学习计划要制订

凡事预则立，不预则废。做什么事有了计划就容易取得好的结果，反之则不然。有没有学习计划对你的学习效果有着深刻的影响，毫无计划的学习是散漫疏懒、松松垮垮的，很容易被外界的事物所影响。而制订学习计划可以促进学习目标的实现，可以磨炼学习意志，有利于学习习惯的养成，还可以减少时间的浪费。一个想把学习搞好的学生，不妨制订一份学习计划，试一试，看看效果如何。

计划是实现目标的蓝图，通过计划合理安排时间和任务，能够使自己达到目标，也使自己明确每一个任务的目的。在实际的学习生活中，充满了千变万化，它总是在引诱你去偷懒。而坚持实行计划可以磨炼你的意志力，有助于学习习惯的形成，按照计划行事，能使自己的学习生活节奏分明。从而，该学习时能安心学习，玩的时候能开心地玩。久而久之，所有这些都会形成自觉行动，成为良好的学习习惯。

制订学习计划也有着很大的学问，首先你需要考虑全面。学习计划不是除了学习，还是学习。要学习，也要休息和娱乐，所有这些都要考虑到计划中。计划要兼顾多个方面，学习时不能废寝忘食，这对身体不好，这样的计划也是不科学的。

长远计划和短期安排也要相互兼顾。在一个比较长的时间内，比方说一个学期或一个学年，你应当有个大致计划。因为实际中学习生活变化很多，又往往无法预测，所有这个长远的计划不需要很具体。但是你应该对必须要做的事情心中有数。而更近一点，比如下一个星期的学习计划，就应该尽量具体些，把较大的任务分配到每周、每天去完成，使长远计划中的任务逐步得到解决。有长远计划，却没有短期安排，目标是很难达到的。所以两者缺一不可，长远计划是明确学习目标和进行大致安排；而短期安排则是具体的行动计划。

同时，你也需要处理好常规学习时间和自由学习时间。常规学习时间指按学校规定的学习时间，主要用来完成老师布置的学习任务，消化当天所学的知识。而自由学习时间指除常规学习时间外的归自己支配的时间，你可以用来弥补自己学习中欠缺的、或者提高自己对某一学科的优势和特长、或者深入钻研一件有意义的事情。自由学习时间的安排是制订学习计划的重点。抓住了和合理利用的自由学习时间，对自己的学习和成长都会有极大的好处。所以我们应该提高常规学习时间的效率，增加和正确利用自由学习时间，掌握自己的学习主动权。

重点突出、有的放矢也是学习计划的重要方面，正如我们前文提到过的 80/20 法则。因为学习时间是有限的，你的精力也是有限的，所以学习要有重点。在这里，重点一是指你学习中的弱科，二是指知识体系中的重点内容。只有抓住重点、兼顾一般才

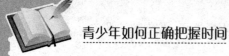

能取得更好的学习效率。

最后一点，从实际出发来制订计划才能保证学习计划的有效完成。制订计划，不要脱离学习实际，要符合自己现在的学习压力和水平。有些同学制订计划时，满腔热情，计划得非常完美，可执行起来却寸步难行。这便是因为目标定得太高，计划定得太死，脱离实际的缘故。

我们所说的"实际"可以分成以下三个方面：

1. 知识能力的实际：每个阶段，计划学习多少知识？培养哪些能力？

2. 时间的实际：常规学习时间和自由支配时间分别有多少？

3. 教学进度的实际：掌握老师教学进度，妥善安排常规学习时间和自由支配时间，以免自己的计划受到"冲击"。

我们之前也提到过，每一个计划的制订都要注意效果，及时调整。如果效果不好，就应该找找原因，进行反思，使得计划有效地指导实际，实际也符合计划的预期效果。

此外还应该注意的是，制订计划不要太满、太死、太紧，要留出机动时间，使计划有一定的机动性。毕竟现实不会完美地跟者计划走，给计划留有一定的余地，这样完成计划的可能性就增加了。

二、预习时间会安排

　　预习是学习中最重要的一种学习习惯，几乎每一个优秀的学生都有良好的预习习惯。预习不单是提前看一看书而已，预习能让同学们在听课的时候有目的性。预习听课的重点，可以使同学们更从容地听课，因为一部分老师要讲的内容都已经理解了，听起课来当然会轻松。此外，预习会让学生获得一种心理上的优势，这种优势会转化成为信心，从而超越其他学生。因此预习时间的安排在学习过程中就显得十分重要。

　　课前预习所花费的时间和预习程度要因人而异。对于学习较好的同学，只需花费少量的时间，因为成绩较好的同学在上课听课的过程中很少遇到听不懂或者是不明白的情况，预习的目的只是为了理清知识体系和听课的条理。所以，抓住每节课的空当时间预习是基础较好的同学应该采用的效率最高的方法。对于学习较薄弱的同学，预习应该更细致和深入一些，应在头一天就进行。

　　预习过程通常都是在上课前一天晚上把第二天要上的课程全部预习一遍。把预习的时间安排在每天的复习时间之后，因为知识是环环相扣的，把前面的基础知识掌握好是进一步学习的基

础，坚持每天用1个小时左右的时间去预习第二天的学习内容，把书本内容详细看一遍，插图、插图下面的标题或解说、每页底部的注脚等最好都不要疏漏。在预习的过程中先找出自己认为是重点、难点的地方，这本身就是提高自己分析能力的过程。遇到疑难题时，力求自己独立思考、解决疑难，对于无法弄懂的地方，就用铅笔画上记号，提醒自己在上课时注意听老师在这一点上的讲解。预习时的思考是预习过程中最重要的环节，如果预习不思考就等于没预习。预习时要把精力投入在对知识的思考上而非仅仅对书上知识的浏览、记忆，这样对知识的理解就会更加深刻。在预习的时候，把所有不太懂的地方全部找到，在上课或课下的时候，把不太懂的地方赶紧找老师或同学询问，扫除这些学习上的障碍。

怎样才算预习好了呢？那就是预习之后，对知识的体系和知识本身有一个大体的了解，对知识的应用方法也有一个初步的感觉，特别要把难点或不懂之处用彩笔划出，以便上课时更加注意。每节内容后面的练习自己先做一做，做到看懂70%的新内容，会做80%的练习题。

另外文理科的预习侧重点不同，在预习的时间和方法掌握上也不太一样。

对于文科，预习的时候又如：注意理解、搞清楚问题的实质。例如：语文、历史、政治要通过看书本，了解文章的内容、概要和观点等实质性问题。又如英语的要求就多一些，首先要看、读单词表，然后是看课文；在看课文时把本课的生词着重标记出来，在课文中理解单词的意思，除了看之外，还要听配套的朗读磁带；并朗读课文，虽然不能一下子把生词记住，但也要达到可以流利朗读这一标准；另外，要掌握文章的中心思想，并能用自己的话来复述，达到灵活运用的程度。

理科预习要遵循以下步骤：

1. 预习时重点通读课本，把自己认为重要的内容划在书上。

2. 不一定要把所有内容完全弄懂，不懂的地方做上记号。听课时要特别注意这些问题，如果上课还没有解决，要在课下向老师询问。

3. 对于知识点繁杂的章节，在纸上列一个图表，分层次地将这章的知识点列举出来，这不仅可以在听课时头脑清晰，还会降低复习时的难度，一举两得。

4. 对课本上的概念、定理、公式推理一遍以形成对知识的整体认识。

三、课堂时间细把握

在现实生活中，常常看到这样的现象：在同样的学习时间环境中，在同一课堂、同一老师的指导下，却有着不同的收获。这其中关键是课堂时间利用，即学习效率的问题。学习效率的好坏，直接关系着学习成绩的提高。

大家同在一个屋檐下学习，都坐在书桌前，可是有的同学专心致志、全神贯注、笔记不停，解决了一个又一个问题，攻破了一个又一个的难点。还有的同学坐着、东找一本书做做，碰了钉子又换另一本书做，再咬着笔头发发愣，看看表还有多久下课。这样的学习效果肯定是不一样的。只有效率高，才能在有限的时间内学到更多的东西，才会有更多的思考去认识和理解问题。

1. 课前准备

这一点既包括上一节提到的预习，也包括上课前书本、文具、作业、笔记等等的准备。在讲课之前就应该根据课堂内容把这些都准备好，才能在讲课开始后，有条不紊地随着老师的思路听讲。否则，在老师提到某一本练习册的时候，如果事先没有准备好，那么肯定在讲课过程中手忙脚乱，既影响自己的听课思路，也恐怕会打扰到别的同学。因此，课前准备一定要做好、做充分。

2. 捕捉细节

知识信息来源的重要渠道是课堂。学习的敌人是自己的满足（其实自己可能只有一知半解），应在预习的基础上，课堂上专心听讲，勿开小差，沿着老师的授课思路，认真地思考、领会，全面正确地理解和把握所学内容，在"主战场"上学有所获。课下1小时不及课上10分钟，听课时间的利用对学生学习来说非常重要。

记住，老师上课的细节千万不要漏掉，许多考试都在这些细节上会难倒你的，而这些细节往往是老师兴致所致，上课处于极好状态时，老师将大脑中的那些知识点下意识地说出来，且常常不书写在黑板上的。捕捉这些细节，往往会提高你上课的注意力及效率和知识面。利用好了课堂上40分钟，下去后无需过多时间就能熟练掌握，事半功倍，做题复习效率也极高；反之只能事倍功半，花去大量时间，还容易丢三落四，知识掌握不完全、不熟练，对做题和今后复习造成隐患。当然，这不表示整个听课和学习时间神经都要绷得紧紧的，而是要紧跟老师的思路，抓住知识要点。不管是听课还是自习，都要一心一意。对于注意力极易分散的人，学习效率的提高就比较困难了。而且必须注意知识的前后承接，一旦前面掌握不好，容易造成恶性循环，所以学习效率高是建立在扎实的基础之上的。课堂，是同学们学习思想政治课的"主战场"，故而必须重视。

3. 勤做笔记

人们都说："好记性比不上烂笔头"，足见笔记的重要性。同学们应养成勤记、善记的好习惯。笔记以记在教材文字旁的空白处为最佳：功在平时利于考试。课堂上我们要记笔记，至少我们需要跟得上老师阅读的速度。不漏掉知识点，我们才能更好地进行复习。笔记可记：①老师反复强调的；②相似知识的对比；③课文内容与现实相联系的时政知识点；④分散知识的归纳综合等等。

老师常说，我们要向课堂要效率，这句话的意思是，我们要在课

认真做好课堂笔记

堂上认认真真地听课。但这也是一些老师和同学的误区，以为认真听课就是要把老师说的话一字不落地记录下来，这样做很辛苦，但效果并不一定理想。做笔记时要有选择地听，要有选择地记，笔记做到简明扼要，不是记了厚厚的几本复习时看不完，需要的是当堂听、当堂记、当堂理解，而不是先做笔记后理解，课上把老师讲的内容消化透，课下我们才能更充分地进行复习。课堂向老师要效率，课下我们才能向自己要效率。

高效率听课可以帮助我们节省学习时间，在固定的时间内学习更多的内容，又为自己争取到更多的休息时间。学习了更多的内容就可以很好地打牢自己的基础，做到在考试中尽量减少失分；有了更多的休息时间，就可以更好地调整好自己的状态，保持良好的心态，时刻以一种饱满的状态进行学习以及在期末时候充满着自信进入考场。

四、课后巩固莫忽视

　　科学家通过研究发现，有几个时间段有利于巩固记忆：一是学习后最初几分钟内，电生理活动引起蛋白质的合成；二是学习后在 48 小时内复习；三是一周之后脑突触发生永久性变化。

　　根据人在学习过程这一生理变化，采用复习加强记忆就显得特别重要了。如果我们能够在学习的内容即将忘记时进行复习，那么复习的效果最好，效率也最强。著名的心理学家艾宾浩斯通过实验发现了人的记忆与遗忘规律。实验证明：在学习仅过 20 分钟后，就忘记内容的 42%；1 天后，忘却量已经达到 66%；到了第 31 天，忘却量高达 79%。他根据实验结果，画成了著名的遗忘曲线，并表明遗忘的规律是"先快后慢"。

　　这条规律提示我们，一定要尽早、及时地对所学知识进行复习，以便在知识还在大脑内时就加深印记，否则大脑中已经没有痕迹了，只能再费精力重学。

　　合理安排复习时间特别重要又很必要，制订复习计划，严格按计划执行，并力求形成习惯，我们每一位学生都应该努力做到。

　　具体可以分为 6 步：

1. 课后花 2～5 分钟"过电影"回忆，便可保持电生理活动引起蛋白质的合成；

2. 午休时间利用 15～20 分钟将上午所学内容全部"过电影"回忆一遍，便可巩固记忆；

3. 下午安排时间户外活动、休息，调整心理和精神状态；

4. 晚上复习，安排时间将学习内容与存储在大脑中的信息进行对比以找出偏差和失误；

5. 晚上睡觉前再"过电影"回忆，便可把记忆保持两周以上；

6. 两周后再复习便可使脑突触发生永久性变化。

此外，复习过程中可以参考两条原则。这两条原则有助于保证自己的学习生活高效。

一是劳逸结合，科学用脑。要把学习活动和其他活动有机地结合起来安排。这样既保证了各项活动的顺利完成，也保证了大脑得到休息和身体机能得到较好的维持。二是交叉安排，高效学习。这要求我们不要长时间复习同一门课程，也不要长时间采取同一种学习活动方式。因为长时间从事某种单一活动会使大脑某些活动区域的细胞活动过度，导致学习效率下降。交换学习内容和学习方式可以使得部分疲劳大脑区域得到休息，休息的大脑区域则进行工作，这样既没有妨碍大脑的休息，也保证了学习活动高效率地进行。

具体说，交叉安排表现在：

1. 不同学科复习时间的交叉安排，比如语文、数学、外语、生物、物理、化学等课程按照文理交叉的形式安排，不要长时间进行一门课程的复习；

2. 不同学习形式之间交叉安排，比如记忆、解题、阅读和知识整理等活动交替安排，不要长时间采取同一种学习形式。

了解了这些之后，你对知识点的记忆巩固是不是会提升很多呢？

五、自习时间利用足

很多学校开设了早读或者晚自习时间，这段时间相对自由，没有老师在讲台上补充知识点，也没有很具体的作业要做（前提是你自己已经有条理地完成好），如果利用充分的话，可以用来巩固课堂知识，总结各科经验，或者强化一下你的弱势学科，起到非常好的效果。但是很多同学在自习室常常无所事事，交头接耳，走神甚至打瞌睡，把本可以充分利用好的这段时间白白浪费，这是非常可惜的，所以学会自习时间的利用和安排对成绩提高起着非常重要的作用。

你一定了解自己在各门功课之间，哪些强，哪些弱，哪些得心应手，而哪些需要下苦功夫，这样你可以在自习课开始之前，有针对性地安排好学习计划。如果在课堂上已经掌握得非常熟练了，那么就不必在晚自习耗费更多的工夫，顶多把相关的知识点浏览一遍，强化一下记忆。如果在充分理解的基础上还硬抱着相关内容不放，那么只能是一种重复的学习行为，是机械和低效的表现。对于优秀的同学来说，拿高分通常表现为强项稳定、弱项不弱，因此在自习时间里，应该把更多的精力投入到掌握弱势学科、查漏补缺当中。

尽管自习课只有短短的 40 分钟到 1 个小时，但是仍然需要在自习之前制订一个细化到分钟的时间安排表，假设你数学尚未掌握的知识点比较多，而语文和英语仅仅是个别的小问题不会，那么你就可以分配半个小时的时间来学习数学。在这半个小时里，你可以把今天一天内遇到的不会的题目重新思考整理一番，争取解决。要注意，在解决问题的时候，不要求多，但是要保证质量，即解决一道问题之后保证下次不再犯错，就算今天仅仅解决了一道问题那也是进步！如果半个小时之后你还没有弄清相关的问题，那么你最好权衡一下再多花几分钟能不能把问题解决，如果解决不了的话，千万不要钻牛角尖，把整个自习时间全部花费在这道有点"刁钻"的问题上，因为还有语文、英语需要你花一点时间来掌握巩固。实在做不出来可以暂时"放弃"，在放学或者下课的时间段里再做思考，或者跟老师以及其他同学交流，这个时候，你应该充分抓紧剩下的时间来复习语文或者英语。这样才能对一整天的学习有一个全面的总结。

因为每天上课都要学习不同的内容，那么每天的自习计划需要根据实际内容进行适时调整。比如你今天发了化学试卷，还有一道生物题没有想明白，那么就可以适时调整一下，把数学、语文、英语的时间重新安排，强调重点，兼顾其他。你自己心里要清楚，计划可以调整，但是不能"搁浅"。化学和生物看完了之后，还是需要给数学、语文、英语留出一点时间，即使没有时间解决具体问题，也要把知识点巩固一下，加深记忆。

如果每天都安排自习的话，一周有 5 天就意味着有 5 个小时左右的时间。除了针对每日的学习计划外，也可以用一周或者一个月为周期，来制订更长远的自习计划，这样长远计划和具体计划结合起来，有的放矢，遵循起来才会达到更好的效果。无论是长远计划还是具体计划，都应该从自己的学习情况出发，不要跟风，看着其他同学在学语文，就把自己的数学题扔在一边，刚背了几个英文单词，又跟着同桌拿起了物理习题本，别人在讨论今天学习什么，你就参与进去，要学习控制和管理自己的学习时间。专心致志，心无旁骛，才能把自习时间充分利用好。

在学习了一天之后，晚自习时间难免让人有疲倦感，前文我们介绍过人体生物钟的黄金时段，晚上也是非常有效率的一个阶段，如果能按照上述方法安排妥当，充分利用，相信你将受益匪浅。

六、作业效率要提高

学生在校期间，做作业是系统学习的重要内容与环节，它对于巩固和消化课堂成果，培养和锻炼学习的思考问题、分析问题和解决问题的能力都非常重要。作业有助于学生检查学习的效果，一般来说，如果能够比较准确地完成作业，就说明预习、上课、复习的效果是好的，知识真正理解了；相反，作业不顺利，无法独立完成，就能说明前面各学习环节效果不好，没有真正理解知识，这时就要及时弥补。此外，做作业也是加深和巩固知识的过程，通过对具体问题的解决，有助于加深对知识的记忆，同时也促进相应技能的形成和锻炼克服困难的毅力，提高学习的信心。

但是，不少学生认识不到这一点，把做作业当成任务来完成。因此出现了一些错误的想法与行为。这些表现有七种：

1. 把作业当成老师交给的任务来完成，或者当作应付家长的检查来完成。

2. 做作业前不复习，就急急忙忙下手，一边翻书查公式，一边往作业本上写。结果知识是从书上搬到了作业上，但是自己却理解得不深，掌握得不牢，当然学习效果就不好。

3. 做作业粗心马虎，不细心审题，错、忘、漏的地方多。

4. 做作业没有独立性，不爱动脑子，不愿多思考，遇到难题不思考就去问别人，有的干脆去抄袭别人的作业。

5. 缺乏做作业的信心，碰上难题就打退堂鼓，不能知难而进，经常出现完不成作业的情况。

6. 作业一旦完成，书本一合，就立即把作业交上去，就算完成了作业，从来不去认真检查作业。

7. 老师把作业批改后发回来时，只拿在手里打开看一下分数或对错，就往书包里一放再不管不问，为什么错？为什么对？这些从来不去反思。

写作业不是一项孤立的学习活动。从写作业的角度看，预习、上课和课后复习，就是做作业的准备工作。通过预习、上课和课后复习，领会并巩固了知识，这才有条件在做作业时独立地应用所学知识分析和解决问题。有的学生作业迟迟完不成，究其原因，就是在做作业之前的学习环节上"欠了债"，结果欲速则不达，甚至还要返工，成了低效率的作业。

学习是个循序渐进的过程，在前面的学习阶段偷工减料，必将在后边做作业时受到"惩罚"。上面这些在写作业中存在的坏习惯都使得写作业的效果大打折扣，要想作业完成效果好，首先要从思想上提高对做作业的认识，端正态度以后，才能从具体的步骤入手进行提升。这里提供了几条写作业的具体操作步骤，希望对你有所启发。

1. 先复习后作业

复习是做好作业的关键，只有复习得好，作业才能做得好。前文中我们已经提到过了复习时间的利用，做好复习的环节，写作业的过程中也可以省下很多精力，节约很多时间，有了这些时间，就可以做一些自己喜欢的课外活动，所以为什么不去重视呢？

做作业前，先把老师这一节课所讲的内容认真地看一看，弄清楚基本原理和概念，想一想这一堂课讲了哪些内容、原理、概念，提出了哪些定理、公式，这些定理、公式是怎样得出来的，有何意义和作用，互相间的关系是什么。特别是对例题要明白、清楚它的典型性和代表性，解题时用了哪些方法，解题思路是什么，突破口在什么地方，等等。彻底弄清楚这些问题后再去做作业，作业才能做得既快又好。

2. 先认真审题

做作业最关键的一步就是审题，连题都判断错了，作业内容就全错了。解决任何一个问题都是如此，开始的一步是审题。认真审题就要多琢磨、细推敲、深思考。审题时首先是弄清楚题目的内容，所给的条件，有什么限制和要求，需要联系哪些知识，等等；其次是考虑好解题思路、方法、步骤，要善于把一道题分成几部分，化大为小、化难为易、分清其中的已知和未知，弄清各部分的联系，设计好整个解题步骤，一定要让自己做到不明白题意不做题、不清楚方法步骤不下笔。

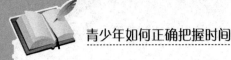

3. 细心地做题

做题是表达思路的全过程，这个过程要求既动脑、又动手。做题的关键是要保证"规范"、"准确"。要做到这两点就要求在写作业的过程中认真地抄好题，书写格式必须正确、规范，严格按照各类题的解题要求，仔细演算解题的每一步，得出正确的结果。只有平时做题认真细致，步骤完整，思路正确，表达严密，准确无误，考试时才能按照这种良好的习惯进行。

4. 要认真检查作业

把作业写完就往书包一放，这可不行。做完作业后认真检查，是保证作业质量的重要手段之一。在作业的过程中，由于种种原因，难免会出现各种各样的漏洞和问题，因此，作业做完一定要作认真检查之后再交上去，这样就避免了作业中的差错和漏忘。

有的学生在考试之后，立刻就能对自己考试的结果做出准确的估计。他们为什么能够做到这一点呢？这与他们平时坚持进行独立检查作业有很重要的关系。

独立检查就是在做完作业之后，自己想办法来判断作业做得是否正确。这是保证作业质量的不可缺少的一步，就像产品出厂前要检验是否合格一样。

独立检查作业，可以培养独立思考问题的能力。检查的方法很多，下面介绍几种：

①逐步检查法

就是从审题开始，一步一步地检查，发现问题及时更正。这种方法往往不能发现在解题思路上的根本性错误，但可以检查出计算和表达上的一些错误。

②重做法

做作业发现有错误，如果时间允许，干脆重做一遍，将两次答案加以对照，看看是否一样，如果不一样，再分析一下原因是什么，对于修改较多的题目，也可以重做一下。不过一些综合性的大题，如要重做一遍的话，时间往往不够用，因此，重做法不适合综合性的题。

③代入法

把计算结果代入公式或式子，看看是否合理。例如，已知反应物的量，利用化学方程式计算生成物的量。当把生成物的量计算出来后，把这个数据作为已知数据，利用化学方程式，来计算反应物的量，如果与题目给的反应物的量相等，就可以判定计算是正确的。若不相等就应当进行检查，看看什么地方出了差错。

又如，代数解方程后，把解代入方程式进行验算，如果等式左右两边相等，等式成立，说明这个解是对的。

检查的方法不只以上几种，要根据具体学科和不同的题目，选用相应的方法来进行检查。为了给检查提供方便，在解题时，要养成按一定顺序书写草稿的习惯，一道题演算完毕要顺手把有关的部分圈起来，标上题号，以便在检查时容易寻找。

5. 做完作业后要耐心思考

作业完成之后，一定要耐心地再思考一遍，想一想做这一道作业题用了哪些概念、原理、公式？这道题和例题有什么关系，和哪些题有联系，有什么特点、规律可循，稍加变化还能变成什么样的题？是否还有其他的解题方法，等等。这样才能把学习的知识融会贯通，达到系统掌握、触类旁通和举一反三的目的。

6. 认真分析批改后的作业

老师把作业批改发回来后，一定要尽快翻阅，认真分析、耐心反思。对做对的题目，想一想是采用什么样的思维和方法做对的，以后遇到类似的题能不能触类旁通；对做错的题，要找出做错的原因。做错题一般有三种原因：一是由于慌张、马虎、粗心大意而搞错；二是基础知识没有掌握，弄错了概念、定律、公式等；三是思路不对，张冠李戴。属于第一种原因，就要警告自己以后做题时多加小心；属于第二种原因时，就要在预习、听课和复习上下功夫，牢固掌握所学知识后再去做作业；属于最后一种原因者，就要认真钻研和分析例题，明确解题方法。只有经过分析反思，才能吸取经验教训，避免今后再有类似的错误发生。

7. 改掉作业拖沓的习惯

有的学生是因贪玩而拖沓作业；有的学生是对学习无兴趣而拖沓作业；有的学生是因为能力限制完成作业有困难而拖沓作业。无论是属于哪种情况，都不能养成拖沓作业的习惯。当天的学习当天完成，明天还有明天的学习任务，困难只会越积越多。

克服作业拖沓的最有效的办法，就是天天督促要求自己——当天办完当天的事。这也是本书中反复强调的观点。

8. 习惯成自然

认真做作业是个习惯问题，只要慢慢形成了耐心、细致做作业的习惯，以后就不会打破这种良好习惯。因此，培养和形成良好习惯非常重要。习惯是一种力量。根深蒂固的习惯是一种巨大的力量。建立一个良好习惯需要很长的时间，根除一个不良习惯要有更大的毅力。良好的学习习惯的报偿是成功，因为良好的学习习惯就是几年如一日的努力。

七、考前复习有诀窍

在常规的知识学习后，我们通常会迎来期中或者期末考试的复习时段，这段时间长则一个月，短则一个周，主要是对考试内容的总结、记忆与强化，这段时间与平时的学习时间略有区别，因此也需要进行针对性的时间安排。

一般来说，考试复习这段时间，主要时间应该用来抓知识的主干进行强化记忆。因为这样紧张的时间里，不必要也不可能再把每一科详细地复习一遍。因此，复习应收缩到教材本身上来。通过看书上的目录、标题、重点等，一科一科地进行回忆，发现生疏的地方，及时重点补习一下，已经驾轻就熟的内容，可以"一带而过"，还可以看自己整理的提纲、图表、考卷，重温重要的公式、定理等。这一阶段的复习安排，就好像运动员在比赛前的准备活动或适应性练习一样。通过"收缩复习""强化记忆"，为考试进一步打下坚实而又熟练的知识基础，以便能在考试答题中，根据主干线索迅速回忆，熟练地掌握知识的整体框架，在答题中做到"八九不离十"。

考试前的这段时间，要保持自己平时的学习和生活节奏，适当减轻复习的密度和难度，这正是为了收到"退一步，进两步"

的效果。保持大脑皮层中等的兴奋度（既不过分放松也不过分紧张），要避免和他人进行无谓的辩论和争吵，不搞剧烈的文体活动，这样就能在考试前夕创造一个良好的心境。

稳定情绪、安心入睡也是考前复习的重要方面，前文我们已经提到过，不懂得如何去休息也就不懂得如何去学习，只有休息好了才能将更多的精力投入到紧张的学习状态中，而且考试成绩的好坏与情绪稳定的关系很大，如果在考前没有做到足够的放松，是会产生不同程度的焦虑状态的，我们可以通过以下几个方法来优化情绪、适当放松和休息。

1. 深呼吸。复习完功课后，做深呼吸。要缓慢、放松，吸完一口气后，略停 1 秒钟再吐气。如此反复多次。

2. 按摩内关穴。用右手大拇指按住左手臂内侧内关穴（手掌纹下三横指正中处，通常是表带处），顺时针按摩 36 次，在心里默念"镇静"，这当然也是一种强烈的心理暗示。

3. 坐着或者站立，身体放松，想象着自己淋雨，自我想象下雨将所有的疲劳和焦虑冲洗掉。当然在自己冲凉时，想象把自己的紧张、疲劳、焦虑冲刷掉的效果更好。

4. 按摩涌泉穴。晚上淋浴完后，用右手的大拇指按摩做脚心的涌泉穴，次数不限，心里同时默念"入睡"。也可以在上床后，将自己的意念用在脚心的涌泉穴，默念"入睡"。

如果这是一次很重要的考试，你也可以在考前把自己的作息规律重新调整一番，进行考试的全真模拟训练，以期尽早地调试到最佳状态。比如早起半小时和晚睡半小时，两头加起来是 1 个

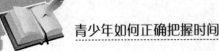

小时，前文已经提过，这两段时间是极佳的记忆时间，所以要充分利用好这 1 个小时。每天做一套卷子。每天做一份试卷可以使考生在几天后真正拿到考试试卷时不感到手生，能找到感觉。

另外很重要的一点，考试前一定要抽出专门的时间来准备一下考试用品。如果没有准备好，那就如同到战场了发现枪或者子弹没有带，这将对整个"战局"造成十分严重的影响。譬如，忘了带准考证，那么连考场都进不去，更别提审题答卷了；如果忘记带铅笔，或者带了崭新的铅笔却没有带削笔刀，那么可能造成无法涂答题卡，从而影响考试的发挥，总成绩也会大打折扣。因此在考试前一两天，要仔细检查一下考试时必备的文化用品（如准考证、钢笔、三角板、半圆仪、圆规、铅笔、橡皮等），如果用品不齐或有故障，一定要及时解决。考试的前一天晚上，临睡前要将包括准考证在内的所有必备品，装在一个袋子里（最好是厚而透明的小塑料袋），放在容易见到的桌子上。每天考试出发前，一定要检查一下，必备品是否带齐了。这些看起来是小事，但小事弄不好，有时也会误大事。总之，考试也应像打仗一样，要"兵马未动，粮草先行"，不打无准备之仗。考前的用品准备和检查时间，一定不能省略！

以下是考试之前其他几个需要注意的地方：

1. 要注意养精蓄锐

考试可谓"养兵千日，用兵一时"。如果临考时，突发疾病或体力不支、头昏脑涨，将会造成终生的遗憾。所以，考前要注意"养精蓄锐"，一要注意用脑卫生。不搞疲劳战术，不开夜车，不再演算那些偏题、难题、怪题，以免弄得精疲力尽；二要注意饮食起居，预防感冒、腹泻等疾病的突发，多补充一些优质的蛋白质食品，如鸡蛋、瘦肉、肝、牛奶和豆制品等，多吃蔬菜和水果。这些食品富有营养，有助于增强体力的记忆力。为了防止意外情况发生，考试前一天不要参加动作较激烈、体能消耗比较大的体育活动，同时不要到离家太远的地方。适当的放松和休息应是考前最后一天的主旋律。

2. 应付心理失常

如果考前常出现心理失常的情况，可按照以下的方法进行合理的调治，便可消除这几种心理"疾病"。

①认真对待考试前几天的失眠

失眠主要是心里太紧张所致，只要放松，把考试看轻一些，便能减轻心理负担。如果硬睡睡不着，不如静静地躺着休息，不要过多去想考试的事情，千万不要对失眠过于担心。如果晚上睡不好，也不要焦虑，第二天一上考场，考生往往会一个激灵，头脑变得清醒，考试还能顺利进行，发挥也不错，所以凡事顺其自然，不可过分要求，造成太大心理压力。要相信自己的潜力。

②"猫头鹰"型的人如何应付上午考试

有些考生习惯于夜间用功学习，夜越深精力越好。还有些考生为争取时间，拼命熬夜，以致形成习惯。这两种情况，都会使考生在白天，特别是上午精力不佳。而考试又都是在白天举行，不会在夜间举行，为了解决这一矛盾，必须事先进行人体生物钟调整工作，逐步改变生活习惯，以适应考试的时间安排。

八、考试时间巧利用

考试是学习中很重要的一环，它可以检验同学们的学习效果，其严肃性和紧张性也有助于培养同学们的心理素质和拼搏精神。但是很多时候，同学们在出了考场之后都会有这样一些抱怨：倒数第二题我明明会做的，可是时间不够了；或者是我本来想检查一遍的，可是涂完答题卡就打铃了；还有同学觉得自己的答案写得太潦草，归根到底还是时间不够，只好匆匆提笔。这说明考试时间的掌握和运用也是一门大学问，通过下面的介绍，希望能给同学们带来一些考场时间安排的具体方法，使得大家以后在考试的时候再也不会为时间的利用不足而大感懊恼了。

考前的几分钟很多同学都不是很重视，其实这段时间利用充分了，对整场考试都会产生很好的作用。在进入考场到老师发卷之前的这段时间，有的同学坐立不安，不知道该怎么办才好；有的同学胡思乱想，猜想着一会儿的试卷会有什么样的题；有的同学就想着怎么能再看会书，怎么能再看会复习资料。

其实这段时间是调整心态、放松大脑的最佳时段；可以深呼吸或者闭目养神，脑海里想着自己在美丽宽阔的草原上，微风轻轻地吹过你的脸，风中还有青草的味道，慢慢地，那种紧张感随着呼吸从身体中流出；做完深呼吸，适当地活动一下肌肉，让双臂和双手在身体两侧摆动，或者是向上拉一下手臂，以促使血液循环；轻轻地变换身体位置，以便让血液流向腋部和后背，注意，要慢慢轻轻地移动位置，免得影响其他的同学。把精气神养足，才能在高度紧张的考试期间有足够的精力来保证大脑的运转。

此外，也可以再次确认考试用具是否齐全，比如铅笔、橡皮、作图工具等。如果发现少了某样东西，这时候就可以举手示意监考人员，让监考人员帮忙想办法一起解决。在考前把一切准备充分，才不至于当题目做到一半时忽然想起尺子没带，那样会在心理上造成紧张，严重时可能导致整个考试的后半段发挥失常。

在临考前的几分钟内最好不要和同学交头接耳谈论自己的准备情况，因为这样会受到很大干扰，可能会觉得其他同学比自己准备得更加充分，导致考卷还没发下来自信心就受挫，该发挥好的地方也得不到很好的发挥。所以还是利用考前的几分钟放松身心和检查工具是最适合的，这既不会让你觉得时间难熬，又让你放松心情，一举两得，不妨试试看。

经过耐心的等待，发试卷的铃声终于响起，监考老师把试卷发到了我们手上。那么接下来就完全属于你大展身手的时间了。看起来考试时间对于每个学生是公平的，但是你如果掌握对了技巧和方法，在同样的学习情况之下，你的发挥程度可能比其他人高出一筹呢！

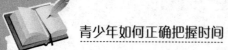

一场考试两个小时，这叫可用时间。可用时间对每个同学来说，是绝对公平的。但在两个小时的可用时间中，你的实用时间是多少呢？每个同学就各不一样了。为了使你考试的实用时间尽量接近或等于可用时间，必须学会时间的科学统筹，做好时间预算。

在考试中，有一些因素是导致同学们不能科学使用时间，我们必须找出这些表现和原因，才能有针对性地进行改善。如果你在过去的考试中，有过时间不够的体验，那么请你认真想一想，下面一些情况你是否存在？

在开始考试时，没有浏览试卷，没有确定自己时间使用的策略；

写字精雕细刻，非常工整，生怕字写不好被老师扣分；

缺乏时间观念，以为时间很多，书写太慢，造成前松后紧；

答题抓不住重点，该写的不写，不该写的写了一大堆，没有重点，面面俱到，浪费了时间；

遇到难题，有攻不破不罢休的习惯，结果陷进"泥潭"，浪费了不少时间，最后会做的题也没时间做了。

如果存在上面提到的这些问题，就说明你的考试时间安排不合理，出现考试时间不够就在所难免了。那么，考试时间应该怎样合理安排呢？

考场上的时间安排，要根据自己具体科目的强弱、试题难易程度的不同而灵活对待。

如果考试科目不是你平时的拿手科目，那么你尽量先易后难地做，在确保做一道题目得一个题目的分的情况下适当地提高你的速度，为后来解决难题争取更多的时间。换言之，你千万不能"吊死"在一道题目上，思考超过 3 分钟仍然没有一点头绪的，最好放弃继续做后面的题目，以节约时间做后面的题。如果这个科目是你的弱项，你就应该适当放慢速度，保证做一道对一道，不求能全部做完，只求我会的我都能拿到分。说不定这样的效果比着急做完的效果更好。

在考试开始前后，通过浏览试卷来了解试题的难易程度。如试题较容易，意味着每道题自己都得花时间作答；如果试题中等，有一定的难度，则应抓紧时间做好前面的基础题。节省一定的时间集中力量攻难题；如果试题很难，估计自己不可能做完，则应把时间的重点花在会做的试题上，保证得到基础分数。

另外，考场上时间分配，要考虑到每道题的分值，要有一个"分数时间化"的概念。分配好时间后，我们做题的时候就有了一个参照，不会在一道题上花太多时间，影响到后面的题目。

一般情况下，分数越多的题目，我们应该留出越多的时间。以满分为 100 分的试题为例，原则上分值为 1 分的题目，应在 1 分钟内做完，分值为 5 分的题目，应在 5 分钟左右完成。与其用 10 分钟去做一个只有 1 分的选择题，不如把它花在一个 10 分的大题上。比如说某道题本来大概计划用 5 分钟的，但是 5 分钟过去后还是没有眉目，那就要果断地暂时放弃它，做个记号，有时间回头再来做。

考场上对时间的科学安排，还包括对于书写速度的合理把

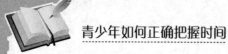

握。比如，在一些自己认为时间不够充裕的考试中，要尽量提高书写速度。只要字迹清楚，评卷老师不会误解即可，争分夺秒，使每分每秒都能产生效益。另外，要注意了解每科的评分标准和答题规范，使自己能花最少的时间去换取最多的分数，提高时间的价值。

在考场上，当剩下的时间不多的时候，而自己又没有答完试卷，这个时候也就更应该有时间概念，要坚持先易后难、取大弃小、优势优先的原则，这样才能更加充分地利用有限的时间。

需要特别注意的是，为了充分利用考场上的时间，最好不要提前交卷。即使你已做完所有的题，也已作了复查，也不要提前交卷。如果你每科都能利用最后的三五分钟发现一个错误，那么积累起来的成绩将是巨大的。要力求把属于你的可用时间全部变成你的实用时间。

考试是一个强度很高、时间很紧的活动，要完全合理、有效地分配和计划好时间，并不是一件容易的事。这就要求我们平时多做这方面的训练，做题和测验时学会严格控制时间，培养自己对时间的掌控能力。比如，做模拟试卷的时候，可以自己给自己规定时间，把它当作一次考试来进行。为了在考试中节省时间，平时还要训练做题的熟练程度，提高解题的速度。这些都是我们平时要充分注意的。

浪费时间是一个非常坏的习惯，坏习惯是后天学来的，也一定可以用科学训练的方法把它改掉。建议你平时做作业、练习、考试，都给自己订出时间标准，如 5 道选择题，除去抄题时间，要在 10 分钟之内完成。达标的，给自己一点小奖励（如吃颗巧克力）；做不到的，给自己一点小惩罚（如少看 10 分钟精彩的电视节目）。只要平时做到科学用时，考试就不会败在时间的手下了。

当考试时间剩下几分钟的时候，一般人的心理都想抓紧时间继续做尚未做完的题。但是，如果你想要得到高分，这并不是一个明智的做法。尤其是在数学、物理、化学等计算题上，未写出答案演算得再好也等于零。当然，如果答得正确，就能得到高分，但是像这种计算起来很费劲的大题，即便分值很高，还是不做为好，因为你做不完就等于没做，结果只是浪费时间。

特别是时间快到时，除非确实有把握，否则就不要轻易尝试。

在时间已经很紧迫，铃声就要响起时，需要细致思考的问题，很难解答出来。平时，在时间急迫之下，连简单的问题都很难有把握地去思考。根据美国一位航空心理学家的实验，同样的一个问题，在地面上和在天空里的解答常常有差异。因为在空中心理会有不安感，所以错误率比较高。

因此，当考试时间即将到时，最好避免再去尝试新的问题，而要集中精力去检查已经做完的答案，这样才能确实把握分数，否则新的没做完，做完的又来不及检查，反而容易丢分。

九、充实度过寒暑假

　　课前认真预习了，上课专心听讲了，课后作业也认真完成了，考试也发挥得特别好……相信你在这样的时间安排下，一定度过了一个非常充实的学期，也终于盼到了假期的来临。先等等，可别把作业书本这些马上往旁边一丢，无止境地投入到看电视、上网、玩游戏之中。要知道，寒假和暑假加起来差不多有3个月时间，占了一整年的1/4时间。因此合理安排好假期时间，是一项非常重要而且有意义的事情。试想，开学后两个同学相互交流，一个待在家里，漫长的假期中无所事事，作业最后也是草率完成；而另外一个，不但认真地完成了作业内容，还通过有效的假期计划，阅读很多科普书籍和人文名著，并且还和爸爸妈妈出门旅游，游历了祖国的大好河山，开阔了眼界。两相对比，他们的假期过得如此截然不同，我想每一位同学都想如上述第二位同学那样，过一个充实、快乐的假期吧。

　　其实经过一学期的苦读之后，大家都盼望着假期过得轻松愉快一些，这本是无可厚非的，但凡事都有一个限度，若超过这个限度，往往会适得其反，常言说得好：花观半开，酒喝微醉。它告诉我们有约束的生活才是美的生活，如果按照前一个同学的做法，自己没有计划性的胡乱安排，常常一觉就睡到中午，一玩就一天不归，一看电视就到半夜，一上网就不分昼夜，只是到了开学头几天才想起了作业，没办法只能草草应付一下，假期就这么浑浑噩噩地过去了。这样的放纵会导致人精神倦怠，情绪浮躁，身体慵懒，我们可以把这种状态叫做"假期综合征"，它对学习的杀伤力是很大的，如不防备，开学后它会使你大吃苦头的。

因此，我们需要通过有计划的安排，使我们度过一个充实有意义的假期。

1. 有计划地对上一学期（年）的知识进行复习巩固

知识的积累关键在于巩固，一学年、一学期下来，已经学习到了许多新知识，这些知识要有时间来进行巩固，寒暑假是最佳时间，因此，同学们必须有计划地安排时间，对一年或一学期所学的知识来一个系统巩固，必要时可进行多次巩固，来强化学习的效果，有效增加积累量。

2. 广泛参与各类社会实践活动

假期里你有了更多的时间陪伴家人，感受生活，和家人一道做家务或者一起劳动，这样可以体会他们的感受，有利于培育亲情；走亲访友、同学小聚可以感受生活的温馨。当然你还可以走出去，积极地参加各类活动。参加实践活动有助于我们接触社会，提高组织能力和认识能力，在与人交往的过程中，有助于提升个人素质以及增强社会责任感。

在平时，由于学习任务很紧，不能抽出足够多的时间来进行

社会实践活动，寒暑假则是一个绝好的机会，不仅时间可以保证，社会实践的方面也可以更加广泛。参加社区服务、学习劳动技术、进行研究性学习，都是很好的社会实践方面，通过这些实践，达到了解社会、关心时事、锻炼自己的目的。

暑期实践活动

3. 要控制睡眠、看电视、上网的时间

假期到了，同学们可以好好放松一下了，睡睡懒觉，看看电视，上上网，这完全是必要的，但必须控制"度"。因为一旦超过了度，就容易忽视其他的必要的活动，甚至会上瘾，影响学习。因此，对于同学们假期中多一点休闲、娱乐的时间，我们是提倡和鼓励的，但同时也提醒同学们必须以休息、健康、益智、长知为目的，而不要无限制地泡在网上或者游戏里，其中的危害这里不再赘述，希望同学们能够发挥前文提到的自律精神，对自

己的行为负责，也要对假期中可以大把自由掌握的时间有珍惜和节约的概念，处理好娱乐休闲和自律上进之间的关系。

4. 要有安排地进行一定的课外阅读

笛卡儿说过这样的话，"阅读所有的好书，的确如同与历史最高贵的人交谈一样，他们是过去年代那些书的作者；不但如此，这种交谈的内容还是作者经过深思熟虑的，在其中展现给予我们的不是别的，而是他们最优秀的思想。"因此进行课外阅读对中小学生来说十分重要，但是在校期间不可能也没有时间进行大量的阅读，而假期时间长，学习压力小，精力容易集中，是同学们进行广泛阅读的最佳时机。因此，同学们要在老师的安排下，有计划地进行一定的课外阅读，可以参考教育部推荐的30本中外阅读名著来提高自己的阅读素养；当然除此之外，也可以阅读其他如古诗词、现代小说、科普读物、有关时事报纸期刊、甚至可以阅读一些通俗的英文小说，从而达到开阔视野、提高感悟、净化心灵的作用，进一步提高综合素质。

要注意的是，在阅读课外读物时，要根据实际情况。在选择时遵循具体情况具体分析的原则，同时必须处理好博览和精读的关系。博览就是"观大略"，在短时间内阅读大量书籍，为精读创造条件。办法有看简介、看目录、看前言、看开头和结尾等等，从而对书有一个大致的了解。在博览的基础上，才可能选出适合自己精读的书。精读课外读物时，也不见得一气呵成，可以围绕课内学习的中心问题，一部分一部分地去学，以推动课内的学习。精读时，要勤思考，善于发现问题，深入钻研，要及时将

阅读的体会，以阅读笔记的方式记录下来。由于精读没有离开当时课内学习的中心课题，因此，会大大促进课内学习质量的提高。

这里再介绍几种阅读的方法。同学们往往不太重视读书的方法，其实，读书方法的优劣对学习效率影响很大。尤其是对于中学生来说，掌握了正确的阅读方法，可以大大节省时间，提高学习效率。决定读书好坏的关键在于，读的速度及对内容理解把握的程度。为此，要注意掌握以下阅读技巧：

首先，要做好阅读前的准备。在阅读一本书之前，最好先快速浏览一下书的目录及前言，从而猜测性地把握一下书的内容，哪些地方会对自己帮助较大，重点内容是怎样编辑的，进而形成一种有利于阅读的状态。

其次，正确把握阅读的速度。阅读的重点应放在基本概念、基本理论阐释上，这里要放慢速度，力争融会贯通；而对那些与大纲无关的补充内容可略读或不读。阅读过程中最好不要念出声，一般情况下看的速度要比说的速度快得多。注意要用灵活的眼球做迅速的扫视阅读材料，不要逐字阅读，尽可能减少阅读中眼光的停留次数。

当然在掌握阅读速度的同时，也要掌握尺度，不要一味求快，而降低阅读的质量，失去快速阅读的意义。

5. 多做运动，加强身体锻炼

青少年正处于长身体的阶段，多多运动对于增强体质很有好处。学校虽然也有体育课，但是一周只有几节，这远远达不到强身健体的目的。很多同学认为运动是一件很苦的差事，能逃则逃，其实制定合理的健身计划，养成良好的运动习惯，对于个人是大有好处的，不仅可以强身健体，而且也有助于培养你的毅力和恒心。

如果在体育锻炼这一件事情上都做不好的话，那么又何谈成为时间的主人呢？假期里选择合理的体育项目，集中发展爱好专长，促进自己养成运动的习惯，是一件一举多得的事情。

多做运动

一开始，可以从小的运动量开始，否则，你会被"残酷"的运动量吓跑的。同时也可以拉上你的好朋友，有了交际因素，你会更加愿意遵守运动的承诺。不断激励自己，享受运动的愉快时光，那么即使运动成果不怎么显著，你也可能继续坚持体育锻炼的。

6. 假期旅游

假期旅游也是个不错的选择。俗话说，读万卷书，行万里路。走访历史古都、秀美山川、民族风情，甚至走出国门，这样可以把课本上历史的、地理的、文学的、英语的等等知识拿来与现实照应，既可以开阔眼界，陶冶情操，也可以把理论知识与实际相联系，回到学校以后学习起来会更有兴趣。

假期旅游中要注意加强安全防范意识，尽量避免单独行动，看好自己的财物，注意饮食卫生等。总之，在保证人身安全的前提下，假期多出去走走看看，是大有裨益的。

随着开学日期的临近，你的假期任务还要做一些必要调整，以适应学校的生活节奏。一般你应该在开学前一周进入调整期，具体的调整内容有：

游览祖国河山可以开阔眼界

①作息时间调整：要按学校的作息时间定时起居，决不拖延，你可以用一个闹钟来监督自己。

②学习强度调整：每段学习时间定为一节课的时间，参照上学时的作业量确定学习任务量，在这个规定时间里要坚决完成这个任务。

③生活习惯的调整：在调整期里，要把学校生活中不许可的习惯坚决戒除，如：无节制地看电视、上网、闲谈等。

④心理调整：想象一下你在教室里学习、考试的心理状态，以此心态来对待学习。心理调整的一个重要内容是收心，如果经过一个假期，你的心已经很浮躁，不能安下心来学习了，那么你不妨试一试静思法，就是把自己关在一个屋子里集中全部注意力于一件事上，直至坚持一个小时不走神为止。开始你可能觉得很

难，但只要你坚持住就一定会成功。

希望你能够合理安排好自己的假期生活，度过一个充实而又愉快的假期。

十、上网时间能控制

上网对于当今的学生来说已是驾轻就熟，老外见面问天气，学生见面问 QQ，许多聊天的学生都有自己的 QQ 账号，而且打字速度都很快。网上玩游戏也是许多学生的嗜好，但长期处于游戏的兴奋状态，容易导致急躁情绪，影响正常的工作、学习、休息，许多学生沉迷于网络不能自拔，沉迷于网络游戏，浏览不良网站，不仅耽误学业，还损害身心健康。

网络开启了孩子们通往世界的窗口，但是网络却也让孩子们迷失了自己前行的方向，关闭了与他人沟通的心灵之门。上网本无罪，关键要适度。控制好上网时间不仅是孩子，甚至连成年人也很难掌握好其中的分寸和尺度。打个比方，有时候只是为了查收一封工作邮件，但是忽然看到某条很吸引眼球的新闻，将这则新闻打开后，网页上其他关联的文章纷纷弹出，让人忍不住一个接一个地点进去。本来只想花 5 分钟完成的收发邮件工作，结果在这种不由自主的状态中，浪费掉了半个小时甚至更多。

很多家长都很头疼自己的小孩沉溺于网络，很多学生自己也很懊恼自己花费那么多时间在网络中。那么，如何控制上网时间，将网络的益处利用到最大，而又尽量地避免其消极与危

上网无错，莫要沉迷

害呢？

心理学家指出，学生玩电脑游戏极易出现失控，常常身不由己，欲罢不能。因此，对网络沉溺很大程度上是心理因素造成的，前文提到的自律能力不强是其中很重要的原因。很多同学在玩游戏或者聊天的时候，也知道这种行为是不对的，但是就是无法离开屏幕和键盘，这是自制力不强、缺乏行动力的一种表现。从根本上，还是要努力增强自己的自律能力，在运用电脑放松、查资料的同时，能够"管"住自己，而不是被网络给"套牢"。

这里可以采用相应的激励或者惩罚办法，比如在电脑旁边贴上一个"控制上网时间""半小时后一定下线""珍惜时间"等的字条；或者在上网之前给自己订一个上网时间规定表，每天都要严格执行。具体操作如下：

周一到周五每天上网的时间一定要控制在 2 个小时之内（按具体需求延长或者缩短）；周末的时间可以稍微灵活一些，比如

两天一共可以上网 8 个小时。

每天在上网之前在表格上填上上网时间以及下线时间，对应规定看自己有没有按时完成，要是完成了就给自己一个小奖励，譬如在表格相应的栏里贴上一朵小红花，或者父母答应某项可以实现的小愿望，比如买一本书或者周末一起去动物园玩等等。要是没有按照表格的时间完成，就要采取相应的惩罚措施，比如帮家里做家务，或者是手持冰块 15 分钟——这个例子在前文我们曾介绍过，当时上小学的刘亦婷通过顽强的毅力做到，相信你也能行。如果握冰的"惩罚"你都可以坚持完成，那么相信下次你一定可以控制好自己的上网时间。

制作这个表格可以按照实际情况，循序渐进地加以变化。如果过了两个星期，你已经能够按照表格的规定自觉控制上网时间的话，那么就可以将表格上的标准进行提高，比如每周从周一到周五的上网时间缩短在 1.5 个小时里，周末两天加起来是 6 个小时，其他的奖惩标准一致。

再过一段时间，将周一至周五的上网时间控制在每天 1 小时，周末控制在 3~5 个小时之内，其他的奖惩一致。

通过这样具有约束力的时间制订以及严格执行，相信你的上网时间一定会得到有效的控制，在这个过程中，需要周围人的合理帮助。父母以及其他家庭成员的言行将起到非常重要的推动作用，善意的提醒和奖惩措施的有效执行将提高计划的威信力。当这一上网时间的规定真正成为孩子自己的习惯，从内力即自律能力发挥作用的时候，这个时间表的意义才算真正发挥到了淋漓尽致。

以上所说的这种控制上网方法的难度很高，因为需要很强的自律能力作保证。其实一个自律能力很强的人，他一定能够控制好自己的上网时间，因为也不需要寻找专门的方法。对于大部分缺乏自制力的学生来说，有时候不得不采用一些强制断网的方式。

首先可以通过安装相应的软件来控制上网时间和浏览的网页内容，比如现在由政府采购并向全社会推广的"绿坝—花季护航"绿色上网过滤软件，它是一款保护未成年人健康上网的终端过滤软件。它基于图像内容和语义的智能识别技术，文字和图像过滤功能强大，能主动识别、拦截黄色图像及不良网站。该软件文字过滤采用语义分析技术，拥有独特的褒贬义判断与红黑判断技术，可根据全文语境分析文章内容，锁定不良信息。"绿坝—花季护航"拥有极为强大的时间管理功能，可以限定上网内容与时间，帮助用户有效、合理分配上网时间。

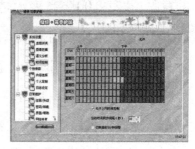

"绿坝"控制上网时间的界面

"绿坝—花季护航"软件将每天的时间分为 24 个小时，上午、下午各 12 小时。只要设定固定的时间段，其余的时间将被禁止上网。通过这种方式，可以"严苛"控制孩子上网时间。

除安装特定的软件之外，也可以通过设置电脑系统自身来对电脑定时。如利用系统命令 Shutdown 来控制时间，这命令有两种

使用方法。

1. 开机后，电脑在设定时间后会自动关机。前提是已设定开机密码，在重新启动电脑后孩子无法进入系统。命令使用：在桌面鼠标右键新建快捷方式，在项目空栏里输入："Shutdown－s－t 3600"（注：不包括引号）命令之间留空格，"－s"表示关系，"－t"表示时间，"3600"是 1 小时的秒数，如果 2 小时，就填 7200，1.5 小时就填 5400，半小时就填 1800。

2. 开机后，电脑在设定时间点后会自动关机。前提是已设定开机密码，孩子重新启动电脑后无法进入系统。命令使用：在桌面鼠标右键新建快捷方式，在项目空栏里输入："at 21：00 Shutdown－s"（注：不包括引号）命令之间留空格，"at"是"在"的意思，"21：00"是表示是晚上 9 点，"－s"表示关机。你可以设定一天 24 小时任何时间关机。这对于有固定上网时间，又不想让孩子超过时间该睡觉了，但拖拉着不想下的非常适合。

电脑系统启动后自动运行上述命令，方法是加入到启动菜单方法，需通过点控制面板－增加或删除命令－浏览－你存放快捷方式的位置，再加入到启动菜单，也可以点高级，利用复制方式，粘贴到启动菜单里面。

如果想取消上述命令，可以在开始菜单运行里面，填上："shutdown－a"就行了。

通过系统来强行控制上网时间的效果是很明显的，到了规定的时间之后，它就自动关机或者屏蔽，孩子想沉溺也没有办法，不过这种方法在安装之前最好事先沟通，要得到孩子的理解，这样实施起来才会更有效果。

网络是一把双刃剑，如果利用得当，可以获取很多知识，开阔眼界。如果学生有更广泛的兴趣目标，有了更积极更健康的生活方式和学习方式，自然不会在网络里沉溺，无法自拔，事实上很多人上网都是由于在学习成绩等方面得不到足够的成就感，才投身于网络这样一个虚拟的世界，寻找刺激和快感。

上网时间控制不力，说到底还是学生对于自己整个时间的掌控能力不利，如果培养了足够的兴趣爱好，也知道充分利用时间来预习复习、提高学习成绩的话，那么上网本身的吸引力也就没有那么强烈了。

第五章

在时间的绵延中，你进步了吗

通过前几章的介绍，相信你对时间管理从全局到细节有了更加深入的认识，你一定对自己的学习和生活充满了自信！

时间通过钟表的计数，一分一秒、滴滴答答地行走着，从分钟积累到小时，从小时积累成一天，从一天积累成一周、一月、一年，甚至更久的时间。因此，成为时间的主人并不是如同期末评上的三好学生，可以通过一张奖状这样的实物来获得认可。时间的主人既要对自己所拥有的时间有理性的、科学的规划，同时还应该在时间的流逝过程中不断提升和进步，从掌握一堂课的时间到掌握一学期的时间，直到有信心、有能力掌握自己一生的时间，在时间的大海上，握住手中的船舵，迎风远航，直达梦想的彼岸。

一、着眼全局，把每个阶段都做好

　　邓亚萍的身高仅有 1.50 米，刚开始打乒乓球的时候，曾被省队拒之门外。但是她凭借着苦练，以罕见的速度、无所畏惧的胆色和顽强拼搏的精神，10 岁时就在全国少年乒乓球比赛中获得团体和单打两项冠军，后加盟河南省队，1988 年被选入国家队。她 13 岁就夺得全国冠军，15 岁时获亚洲冠军，16 岁时在世界锦标赛上成为女子团体和女子双打的双料冠军。1992 年，19 岁的邓亚萍在巴塞罗那奥运会上又勇夺女子单打冠军，并与乔红合作获女子双打冠军。1993 年在瑞典举行的第四十二届世乒赛上与队员合作又夺得团体、双打两块金牌，成为名副其实的世界乒坛皇后。

　　在国家队的日子里，邓亚萍表现出了一名优秀运动员对于自己的严格要求。每次她都是超额完成自己的训练任务，队里规定上午练到 11 时，她就给自己延长到 11 时 45 分；下午训练到 6 时，她就练到 6 时 45 分或 7 时 45 分；封闭训练规定练到晚上 9 时，她练到 11 点多。为了训练经常误了时间，她就自己泡面吃。

　　在队里练习全台单面攻时，邓亚萍依旧往腿上绑沙袋，而且面对两位男陪练的左突右奔，一打就是两小时！

在进行多球训练时，教练将球连珠炮打来，邓亚萍每次都是瞪大眼睛，一丝不苟地接球，一接就是 1000 多个。据教练张燮林统计，邓亚萍每天接球打球 1 万多个。

每一节训练课下来，汗水都湿透了邓亚萍的衣服、鞋袜，有时甚至连地板也会浸湿一片，不得不换衣服、鞋袜，甚至换球台再练。

长时间从事大运动量、高强度的训练，从颈到脚，邓亚萍身体很多部位都有伤病。为对付腰肌劳损，她不得不系上宽宽的护腰；膝关节脂肪垫肿、踝关节几乎长满了骨刺，平时只好忍着，实在痛得厉害了就打一针封闭；脚底磨出了血泡，就挑破它再裹上一层纱布接着练，就算是伤口感染，挤出脓血也要接着练。

可以说，邓亚萍具备了成为时间的主人所应当具备的所有良好能力和品格——既然成为一名乒乓球运动员，那么目标就是世界冠军；既然自己的先天条件并不出色，那么就靠后天的勤奋来

运动员时期的邓亚萍

补拙；既然运动员的运动生命是如此短暂，那么就把有限的时间更多地投入到刻苦训练当中来；既然走向世界冠军的过程中很辛苦，那就抱着平和的心态和积极的情绪，应对每一天的训练。辛勤的汗水终于换来了回报，国际奥委会主席萨马兰奇也为邓亚萍的球风和球艺所倾倒，曾在奥运会上亲自为她颁奖，并邀请她到洛桑国际奥委会总部做客。

作为一名运动员，邓亚萍把运动员的技艺和品质发挥到一流。一个人的运动生涯总是有限的，退役后的邓亚萍选择了读书，然而读书和打球是截然不同的两件事，刚到清华大学外语系报到时，指导老师让她一次写完 26 个英文字母。当时在别人眼中看来最简单不过的事，邓亚萍却费尽心思后才把它们写出来。在运动赛场上邓亚萍让无数的对手闻风丧胆，但是面对基本的英文知识，她却像一个小学生那样的茫然，她感到人生又一次面临着重大的挑战！

学生的天职是学习，邓亚萍对每个阶段的目标和任务都非常清晰。于是她卸下所有运动员时期获得的光环，选择迎难而上，踏踏实实地开始了学习生涯。

邓亚萍把自己的睡眠时间压缩到最低限度，经常学习到很晚才肯休息；有时，一边走路一边看书，就连吃饭的时间都用上了。她不断地严格要求自己，做作业也要和完成训练课一样，绝对是今日事今日毕，毫不含糊。邓亚萍这种刻苦学习的精神，让辅导老师和学友都深表叹服。

1998 年 2 月，邓亚萍前往英国剑桥大学读书。邓亚萍先在剑桥大学的语言学校学习英语。短短 3 个月的时间，邓亚萍坚持每天 8 点多从自己的住所赶往学校上课。下午 3 点半下课后，她还到学院的学习中心去学习，听磁带、练口语，直到晚上 8 点学习中心关门后才赶回住所。回到住所，邓亚萍也从不浪费时间，她坚持和房东用英语交流，坚持按时完成作业和预习功课。

在终于获得硕士学位后，邓亚萍又前往剑桥大学攻读博士学

位。在剑桥大学近800年的历史中，第一次有像邓亚萍这种重量级的世界顶尖运动员拿到博士学位。

获得博士学位的邓亚萍和家人

可以说，作为一名攻读学业的学生，邓亚萍同样也是十分出色的。由于长期的比赛和训练，她的功课底子并不是很好，但是她却凭借着自己不服输的劲头，在学习生涯里同样取得了辉煌的成绩。

在参与过申奥项目和北京奥组委的工作之后，2009年4月16日，邓亚萍正式就任共青团北京市委副书记。中共北京市委组织部有关负责人当天在共青团北京市委全体大会上宣读了对邓亚萍的任命，她的人生又开启了新的

担任北京奥运会火炬手的邓亚萍

篇章。

邓亚萍的奋斗历程非常值得我们学习。其实人生是由一个个具体的阶段组成的，在不同的阶段有不同的任务和目标，把握好每个阶段的目标，目的是要让整个人生都过得精彩纷呈。从另一个角度说，在某一个时段做得出色并不意味着一生都会很精彩，我们没有必要在取得一点成绩的时候就沾沾自喜，从而放松甚至是放弃了随后更需要你拼搏和奋斗的人生历程。

宋代王安石曾写过《伤仲永》一文。有个叫方仲永的小孩子，他家世代以种田为业，没有受过很好的教育。仲永5岁时的一天，忽然哭着要笔墨纸砚这些东西。父亲从邻居家借来这些东西给他，他当即写了四句诗，并且自己题上自己的名字。诗的内容以赡养父母、团结同宗族的人为内容，乡邻们都感到很惊奇，

方仲永的故事

从此有人指定事物叫他写诗，他都能立刻完成，渐渐地，很多人用钱财和礼物求仲永写诗，他的父亲认为有利可图，每天带着方仲永四处拜访，不去学习。可是等到仲永十二三岁的时候，再叫他写诗，已经不能达到令人称奇的水平了。再过了7年，他的才华消失殆尽，跟普通人没什么区别了。

方仲永小时候展现出来的文学才华无人怀疑，但是他自己没有树立好目标。虽然在年幼的时候由于天赋他表现出高于同龄人的水准，但是这个时段他最应该做的事情是好好读书，提高文学积累和素养，而他和他的父亲并没有这样做，而是沉迷在钱财礼物以及浮夸自得之中，这使他短短的几年之后，就由于积累不够而江郎才尽，也许他本来可以成为屈原、李白、苏东坡这样的大文豪，而实际上，他"泯然众人"，一无所成。

因此，在时间的历程里，获得一时的精彩和成就是远远不够的，也是不应该沾沾自喜的，没有什么能够代替时间成为最终的评判者。小学时候学习出色不代表中学时代成绩优异，中学时代积极聪颖不代表上了大学以后能够成为一名优秀的毕业生。相反，如果你在小学的时候并不那么突出，但是你立志要成为一名优秀的学生，那么随着你的刻苦努力，时间运用得当，那么你在中学时代就可能赶上甚至超过你的同龄人；如果你在整个学生时代都没有表现出很骄人的成绩，那么不代表你毕业踏上工作岗位以后不会成为一个优秀的员工。

人生的大厦，是靠每一个阶段的基石一层一层累积起来的，重视每一个阶段的发展过程，是对自己的整个人生目标负责。也只有这样，才能真正点亮心灵的灯塔，无论在什么阶段遇到什么困难和挫折，都能够执著坚定地走下去，不浪费每一分每一秒，踏踏实实地把自己塑造成一个充实、强大、优秀的人。

时间的主人，总是在时间中不断地完善着自己，你悟到这一点了吗？

二、由熟变巧，时间积累效益

在时间运用的法则里，还有一条叫做"学习曲线法则"的规律。它是指在一个合理的时间段内，连续进行有固定模式的重复工作，工作效率会按照一定的比率递增，从而使单位任务量耗时呈现一条向下的曲线。学习曲线效应是在以下两种因素的共同作用下产生的：一是熟能生巧。连续进行有固定套路的工作，操作会越来越熟练，完成单位任务量的工作时间会越来越短；二是规模效应。生产 10 件产品与 100 件产品所需要的生产准备时间、各生产环节间的转换时间是一样的，因此一次生产的产品越多，分摊到每件产品上的准备时间和转换时间越少，单位生产效率越高。学习曲线法则告诉我们，应尽量集中处理性质相同的事务性工作，如一次性处理具有相同性质的所有文件，一次性打完所有的沟通电话，一次购齐所需的生活用品，一次性做完所有家务等。这样既有利于提高工作的熟练程度，又能通过批量作业减少准备工作和中间环节占用的时间，从而达到节约时间、提高效率的目的。

上面这段话说起来好像有一点抽象，如果我们用两个故事来讲解，也许会形象很多。

第一个故事是卖油郎的故事。这个故事出自宋代文学家欧阳修的文集。讲的是一个叫陈尧咨擅长射箭，他常常凭借着这一点自夸。有一次，他在自家的圃场里射箭，正好有个卖油的老翁经过，老翁放下挑着的担子，站在一旁，不在意地看着他，久久不离去。老翁见到陈尧咨射出的箭十支能中八九支，他也只不过微微地点点头赞许而已。

陈尧咨觉得很奇怪，于是就问老翁："你也懂得射箭吗？我射箭的本领难道不精湛吗？"老翁说："没有什么别的奥秘，只不过是熟能生巧罢了。"陈尧咨听后愤愤地说："你怎么敢轻视我射箭的技术！"老翁说："凭着我倒油的经验就可知道这个道理。"于是老翁取出一个葫芦立放在地上，用铜钱盖在葫芦的口上，慢慢地用勺子把油注入葫芦，油从铜钱的孔中注进去，却没沾湿铜钱。于是老翁就说："我这点手艺也没有什么别的奥秘，只是熟能生巧罢了。"

在常人看来，百步穿杨，射出十支箭能命中八九支，已经是非常了不起的事情，而老翁能把油通过铜钱这样细小的孔倒入葫芦里，却不弄湿铜钱表面，也可谓奇人绝技了，但是老翁用平实的言语道出了这样一个道理：很多技术，不是因为他们有多么复杂和高超，只不过是熟能生巧罢了。把一件事情掌握得很熟练，最后能达到巧妙以夺天工的境界，这样的不可思议，只有在时间的磨炼中才能够产生。

第二个故事是战国时代的庄子讲述的一个关于"庖丁解牛"的故事。

梁惠王看到庖丁正在分割一头牛，只见他手起刀落，既快又好，连声夸奖他的好技术。庖丁答道："我所以能干得这样，主要是因为我已经熟悉了牛的全部生理结构。开始，我眼中看到的，都是一头一头的全牛；现在，我看到的却没有一头全牛了。哪里是关节？哪里有经络？从哪里下刀？需要用多大的力？全都心中有数。因此，我这把刀虽然已经用了19年，解剖了几千头牛。但是还同新刀一样锋利。不过，如果碰到错综复杂的结构，我还是兢兢业业，不敢怠慢，动作很慢，下刀很轻，聚精会神，小心翼翼。"

庖丁只是一个杀牛的厨子，在将近20年的实践中，他已经把分割牛这件工作变成了艺术表演，面对牛骨复杂的结构，他完全能够游刃有余，因为他已经熟悉了牛的全部构造，可以把一件看上去不太容易的事情从熟练做到巧妙。

做任何事情都是需要花费一定的时间和精力的，有时候我们不得不面临着一些重复性的任务，如果一件完全重复或者类似的事情，从第一次接触它开始到处理很多次之后依然保持着同样的效率，那么即使没有花费额外的时间，这本身已经造成一种浪费。试想一下，如果你正在学习弹琴，接触到一首新的曲子，其中有一段节奏非常快的旋律。由于不熟悉，你的指法很生疏，所以第一次弹得断断续续，很不连贯，远远没有到达这首曲子需要表现的速度。你经过一段时间的练习之后，乐谱已经熟记于心，指法也娴熟很多，这个时候你自然就不能还按照第一次弹的时候，那么小心翼翼、一个音符一个音符地弹奏，而是应该如同行云流水一样地把旋律化成你自身的节奏，即使不用节拍器，也能够很流畅地完成该部分需要表现出的效果。

　　这就是熟练直至巧妙的过程之中所体现出来的价值。当然，熟练是需要时间来熟悉和练习的，熟练之后能得到一种积累效益，这种效益使得你不必在重复性的过程中，不必花费第一次或者其他人所花费的时间，就能够把事情做好，而且做得很巧妙，甚至达到让人惊叹的效果。

三、换个思路，也许更省时

由熟变巧既需要方法，也需要态度，而且还要积极思考方法和态度之间的联系之处。以一个勤勤恳恳的老黄牛的态度来完成工作量并没有错，但是如果能够找出其中的规律和方法，将熟练度提升为速度，那么你将节约更多的时间。在这个过程本身，你也需要学会总结一定的方法和规律，推而广之，同类的事情都可以用此种方法进行处理，那么这个过程中你就获得了提升和进步。

高斯享有"数学王子"的美誉。小学老师曾经布置给他这样一道数学题：对自然数从 1 到 100 进行求和。老师等着他花上一段时间来给他答案，没想到小高斯马上脱口而出：5050。他所使用的方法是：对 50 对构造成和 101 的数列求和（1 + 100，2 + 99，3 + 98……），这样可以直接用乘法的方式得出 50 × 101 = 5050。那一年，高斯仅仅 9 岁。通过这个故事，我们除了赞叹高斯的天才之外，还应

数学王子高斯

该从中体悟到这样一个道理：做事情是需要讲求方法的，尽管用

"1＋2＝3"、"3＋3＝6"这样的算法，只要你足够的耐心和细致，最后也可以算出5050这样的结果，但是中间耗费的时间是巨大的，有了算"88＋89"这些时间，在同等时间中，可以解决更多的问题。

因此，到达目的地的路有好几条，既有漫长而崎岖的山路，也有平坦而笔直的柏油路，无疑后者所花费的时间要少很多。即使都选择了平坦的柏油路，那么坐车和步行的速度也是不一样的，在做事情的时候，一定要优化你的方式，找出更为简便和迅捷的方法。

卢瑟福是一个大科学家，有一次他走进实验室看到一个学生正在伏案工作，边走过去亲切地问道："这么晚了，你还在这里做什么呢？"学生回答："我在工作。"卢瑟福又问："那么你白天在干什么呢？"学生回答："我在工作。"卢瑟福进一步问："那么你早晨也在工作吗？"学生以期待老师赞誉的神情说："是的，教授，早上我也在工作。"卢瑟福迟疑了一下说："那么这样一来，你用什么时间来思考呢？"他的学生不明白的一点是，其实在思考中获得的灵感往往比埋头苦干更能迅捷地实现目的。

我们在第一章介绍过爱迪生珍惜时间的小故事。在其中的一个故事中，爱迪生让他的助手量一下灯泡的容量，他的助手花了很长时间在测量周长、算数据，而爱迪生把灯泡灌满了水，然后倒入量杯里，通过水的容量便可以直接得出灯泡的容量。多么简单又多么省时的方法！

采用一些方法，多动一些脑筋，这也可以帮我们省下很多的时间。譬如在记忆一些知识点的时候，如果一味地死记硬背，那么需要花费很多的时间和精力，记忆的效果也并不见得很好。但是如果能找出其中的记忆规律，只把其中关键的部分记住，到时候根据自己的知识积累，顺藤摸瓜，自然可以还原整个知识点，不但节省时间，从中还收获了独立思考的经验，有利于以后的学习中概括能力和联想思维的拓展，何乐而不为呢？举个化学课程的例子来说，把识记材料按原顺序概括，记忆时突出顺序性，这样概括起来顺口，记起来便当，需要回忆时，再添上内容就行了。如：

实验室制取氧气，并用排水法收集氧气的步骤概括为：一检二装三固定，四满五热六收集，七移导管八熄灯。

根据化合价写化学式的步骤概括为：一排顺序二标价，第三约简再交叉。

书写化学方程式的步骤为：一写二配三注。

根据化学方程式的计算步骤为：设、方、关、比、算、答。

鉴别物质的过程归纳为：一取样，二配液，三操作，四现象，五结论。

通过这样的方法，可以在很短的时间内大大提高学习效率，不仅节约了时间，还锻炼了思维能力，这样的提升过程，难道你不希望具备吗？

俗话说，磨刀不误砍柴工。思维是行动的翅膀，可以让人走得更轻松更迅捷，不要忽视这样的思考，这才是一个时间的主人真正聪明之处。

四、敬畏时间，不断提升自己

重新回过头，再来做一次开篇时的思考：时间是什么？

相信你已经有了跟刚翻开这本书时不一样的答案。

前面我们介绍了很多关于时间管理的原则和具体方式，目的是希望我们每一个人都能够成为时间的主人，以便更好地掌握我们的生活、学习、以后的工作，甚至是整个人生。相信年轻的你，在读完这本书后，一定会对自己的时间观念产生全新的认识，期待着合上书卷，抓住时间的手，让自己的努力填满时间的空间，让自己的脚步超越时间。

现在，我们反而要对大家有一些不一样的提醒。时间可知而又不可知，可以分解同时又很玄奥，因为时间本身是不变的、抽象的，谁也说不清道不明它究竟是个什么样，无形、无味、无声、无息。通过我们的努力，我们完全有可能成为一名优秀的时间管理者，但是，想要驾驭时间本身，却是绝对不可能的，无论你处在巅峰还是跌入低谷，时间永远按照自己的节奏响应着你的生命节拍。付出是有回报的，你要相信这一点；但有时候付出也是没有回报的，暂时你要接受这一点。所以，"热爱时间，敬畏时间"这条信念应当永远高于"成为时间的主人"。

古希腊著名的科学家阿基米德一生成绩斐然。有一天他正蹲着专心致志地研究画在地上的几何图形。忽然，残暴的罗马士兵闯了进来，但是，阿基米德一点儿也没有注意到。当罗马士兵拔出宝剑，指着阿基米德的鼻子，他才明白眼前的事情。可是他一点儿也不惧怕，坦然地说："等一下杀我的头，再给我一会儿工夫，让我把这道题做完，不能给人留下一道没有做完的题啊！"残暴的罗马士兵举起宝剑向阿基米德砍去。阿基米德大叫一声"我还没做完"，就这样离开了这个世界。与罗马士兵可怕的剑锋相比，阿基米德更敬畏的是时间的毫不留情——死亡并不可怕，但是这一刻生命的结束，则意味着他将把一道没有解完的数学题留在世上，无论他具有多少的智慧，可以运用相关原理测出皇冠的金子纯度或者豪迈地喊出。"给我一个支点，我可以撬起地球！"，他也无法从死神的手里延长时间的长度，这是历史深处的一个遗憾，是时间通过一种极为残酷的方式向我们传递的信息。

　　苏联文学家高尔基对时间作了如此一个解释："世界上最快而又最慢，最长而又最短，最平凡而又最珍贵，最容易被忽视而又最令人后悔的就是时间。"

　　谁都没有见过时间真正的样子，但是它通过春夏秋冬、日月星辰、成败得失，以各种各样不同的面貌呈现在你的面前，对你鼓励或者是惩罚。

　　如果你足够热爱并敬畏它，它一定会在你的身后长出绿茵，结出沉甸甸的果实，如果你漠视它的话，那么它将化成青烟，在你后悔的时候早已追悔莫及。

　　这些都是朴实而深刻的道理，在你想成为时间的主人之前，最好把时间视为一个公正的判决者。成为时间的主人之实质，其实是要做自己的主人，要把握好自己的生命方向，珍惜过程中的每分每秒，你只有敬畏它，才会热爱它，珍惜它，才会想尽一切办法来挽留它，充实它，装扮它，延长它，这个过程本身也就实现了时间的充分利用，你的人生同时也收获了精彩和绚烂！

　　现在开始启程，在时间的大海上扬帆远航，不断地丰富和提升你的人生吧！